# Minería de Datos

*Guía de Minería de Datos para Principiantes, que Incluye Aplicaciones para Negocios, Técnicas de Minería de Datos, Conceptos y Más*

# Tabla de Contenido

# Introducción

La minería de datos se refiere al proceso de depuración, recopilación, procesamiento, análisis y extracción de información relevante de datos. Existe una gran diferencia basada en el dominio del problema, las formulaciones, las aplicaciones y las representaciones de datos. En otras palabras, la minería de datos es un término amplio que describe diferentes aspectos del procesamiento de datos.

En la actualidad, cada dispositivo y sistema automatizado produce algún tipo de datos, que pueden ser para análisis o diagnóstico. Esto ha creado un repositorio completo de datos. Este repositorio de datos se debe al avance en la tecnología y la informatización. Es vital determinar si es posible obtener información precisa y procesable a partir de los datos existentes. Este es el momento en que la minería de datos se vuelve crítica. Por lo general, los datos sin procesar no están estructurados y tienen un formato que no es deseable para la automatización. Por ejemplo, los datos que se han recolectado manualmente podrían extraerse de fuentes heterogéneas en diferentes formas, pero requieren procesamiento usando un programa de computadora.

Desde un punto analítico, la minería de datos no es sencilla. Es difícil debido a las amplias diferencias en los tipos de datos. Por ejemplo, un sistema de detección de intrusos es diferente de un problema de producto comercial. Aun así, dentro de las mismas clases de problemas, las diferencias son obvias.

En este libro, cada capítulo le mostrará los conceptos principales de la minería de datos para que pueda prepararse para dominar las técnicas de minería de datos.

# Capítulo 1: Descripción de la Minería de Datos

El potencial de la minería de datos es una inspiración para la mayoría de las organizaciones más importantes. La minería de datos se define como la extracción de información producida en diferentes momentos de nuestras vidas. Cuando trabajamos con datos, comenzamos a descubrir los beneficios de encontrar patrones y su significado real.

El sector actual está impulsado por los datos. Los datos corporativos junto con los datos de los clientes se han identificado en todos los ámbitos de la vida como un activo importante. Las decisiones que dependen de las mediciones objetivas son mejores que las definidas en opiniones subjetivas que podrían resultar erróneas. Los datos se recaban desde diferentes dispositivos y deben ser analizados. Una vez analizados, se procesan antes de convertirse en información.

Algunos de los dispositivos utilizados para capturar datos incluyen registradores de datos, cajeros, planificación de recursos empresariales y auditorías de almacén. La capacidad de extraer información oculta pero útil de los datos se ha vuelto crítica en el mundo actual. Cuando los datos se utilizan en la predicción, hace que las características futuras de una empresa sean claras. Lo anterior desempeña un papel importante en el sector empresarial.

Como puede observar en la figura a continuación, la importancia de los datos históricos puede resultar en un modelo predictivo y un medio por el cual uno puede contratar nuevos solicitantes en el esquema de negocios.

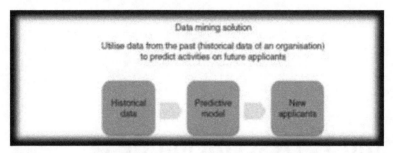

Con la aparición de desarrollos en la industria tecnológica, ha existido un gran crecimiento en las industrias de hardware y software. Se han desarrollado bases de datos complejas que han ayudado a almacenar grandes conjuntos de datos. Esto ha planteado la necesidad de extraer datos en diferentes entornos. Los diferentes contextos incluyen la recopilación de datos, el aprendizaje automático, la descripción, la predicción y el análisis.

Hoy en día, muchas personas están interesadas en la inteligencia, y necesitan dar sentido a los terabytes masivos almacenados en las bases de datos y desarrollar patrones importantes a partir de ellos.

La minería de datos es un gran proceso que diversas compañías van a utilizar. Es un proceso que permite a una empresa convertir sus datos en bruto en información útil. Con la ayuda de algún software especializado, la compañía puede tomar un gran lote de datos y posteriormente examinarlos para encontrar patrones. Con la información que se recopila, el negocio puede aprender más sobre sus clientes y puede desarrollar estrategias de mercadeo más efectivas para disminuir los costos y aumentar las ventas. La extracción de datos dependerá de que la empresa pueda recopilar los datos, el almacenamiento adecuado y el procesamiento por computadora.

Un buen ejemplo de un tipo de negocio que utiliza técnicas de minería de datos son las tiendas de comestibles. A la mayoría de los supermercados les gusta ofrecer algunas tarjetas de fidelidad a los clientes para que estos puedan recibir ofertas que no están disponibles para otros compradores. El cliente obtiene el beneficio de ahorrar dinero, y la empresa obtiene una manera fácil de rastrear quién compra qué, cuándo realiza la compra y cuánto está gastando.

Las tiendas de comestibles pueden tomar estos datos y analizarlos con diferentes propósitos. Pueden ofrecerles a sus clientes cupones dirigidos a sus hábitos de compra o pueden usarlos para ayudarlos a decidir qué artículos quieren ofrecer a la venta y cuáles se ofrecerán a precio completo.

Existe una gran cantidad de información que una compañía puede recopilar, pero puede ser motivo de preocupación cuando se utiliza la información incorrecta o la información que no es representativa del grupo de muestra general para formar la hipótesis. Esto puede desviar el negocio y hacer que resulte complicado alcanzar el mercado objetivo deseado.

Cuando las empresas deciden centralizar todos los datos que recopilan en un solo programa o base de datos, pasan por un proceso conocido como almacenamiento de datos. Con esto, una compañía puede separar partes o segmentos de los datos para que usuarios específicos los utilicen y analicen.

Sin embargo, existen otras ocasiones en que el analista puede comenzar el proceso con el tipo de datos que desea y luego usarán esas especificaciones para crear un almacén. Independientemente de cómo planee organizar sus datos, los utilizará para respaldar los procesos de toma de decisiones de la administración.

Los programas de minería de datos son responsables de analizar las relaciones y los patrones en los datos en función de lo que solicitan los usuarios. Por ejemplo, este software podría usarse para ayudar a crear diferentes clases de información. Imagine que un restaurante decide utilizar esta minería de datos para ayudarles a saber cuándo deben brindar ofertas especiales a sus clientes. Esta tienda analizaría toda la información que ha recopilado y posteriormente crear algunas clases de acuerdo a la visita de los clientes y las cosas que se ordenan.

En otros casos, el minero de datos podría encontrar grupos de información basados en relaciones lógicas. Pueden elegir asociaciones y patrones secuenciales para extraer algunas conclusiones sobre las tendencias que se muestran en el comportamiento del consumidor.

Para mantener las cosas simples, el proceso de minería de datos se divide en cinco pasos. Estos pasos incluyen:

1. La organización recopilará datos antes de cargarlos en sus almacenes de datos.

2. La compañía almacenará y gestionará los datos. Pueden elegir almacenar los datos en la nube o en sus servidores internos.

3. Cuando los datos se almacenen, los profesionales de tecnologías de la información, equipos administrativos y los analistas de negocios tendrán acceso a los datos para determinar la manera más adecuada de organizarlos.

4. El software de la aplicación ordenará los datos utilizando los resultados que obtiene del usuario.

5. El usuario final puede presentar estos datos en un formato sencillo de compartir que incluya una tabla o un gráfico.

La minería de datos puede proporcionar una gran cantidad de información útil para un negocio. Puede ayudarles a aprender más sobre sus clientes y tomar decisiones empresariales inteligentes. Aprender a trabajar con esta herramienta y el software que la acompaña puede marcar una gran diferencia en la forma en que la empresa tomará decisiones importantes.

## Beneficios de la minería de datos

En realidad, existen diversos beneficios que podrá obtener al trabajar con la minería de datos. De hecho, la mayoría de las industrias pueden beneficiarse de esta técnica, siempre que aprendan a usarla correctamente. Algunos de los beneficios de la minería de datos incluyen:

- Al hablar de banca y finanzas, la minería de datos puede ser útil para crear algunos modelos de riesgo precisos para hipotecas y préstamos. Así mismo pueden ayudar para detectar si existen transacciones fraudulentas.

- Cuando se trata de marketing, las técnicas de extracción de datos pueden ayudar a aumentar la satisfacción del cliente, mejorar las conversiones y crear campañas publicitarias que son altamente específicas. Incluso pueden utilizarse cuando la empresa requiere analizar las necesidades del mercado o al intentar aportar ideas para nuevas líneas de productos. Lo anterior se lleva a cabo observando los datos del cliente y el historial de ventas, posteriormente se utiliza esa información para crear modelos de predicción.

- Las tiendas minoristas pueden aprovechar los detalles sobre los hábitos de compra de sus clientes para ayudarlos a mejorar su experiencia, optimizar la configuración de la tienda y aumentar sus ganancias.

- Los órganos reguladores de impuestos pueden utilizar técnicas de extracción de datos. La información puede ser útil para detectar declaraciones de impuestos sospechosas y transacciones fraudulentas.

- Cuando se trata de fabricación, el descubrimiento de datos se utiliza para mejorar la comodidad, la facilidad de uso y la seguridad del producto.

Como puede ver, la minería de datos puede beneficiar a todos. Ya sea que esté a cargo de una gran corporación o una compañía más pequeña, encontrará que existe un beneficio de la minería de datos adecuado para sus necesidades.

## Ejemplos de Preguntas en la Minería de Datos

La minería de datos es un tema muy amplio que tiene como objetivo encontrar respuestas a problemas como:

1. Definición de datos
2. Tipos de patrones que se pueden encontrar en los datos
3. ¿De qué manera se pueden utilizar los datos para obtener beneficios en el futuro?

## Población y Muestra

La minería de datos posee conjuntos de datos extensos, con una gran cantidad de escenarios potenciales. Sin embargo, cada industria tiene su propia condición, y la mayoría varía en función de la cuenta regresiva de los casos que surgirán de los procesos de negocios. Un ejemplo son las aplicaciones web, como CRM y las leyes de protección de datos, así como las costumbres locales del mercado y la industria, que son diferentes. Sin embargo, si observamos la mayoría de los países, es aceptable comprar o incluso alquilar la información a un nivel agregado.

La minería de datos requiere el uso de técnicas científicas para tratar con conjuntos de datos masivos. Por lo tanto, existe mucha información, más de la que necesitamos. En algunos casos, se puede decir que nuestro conjunto de datos es mayor. Si manejamos cantidades de datos reducidas, preferiríamos tratar con el conjunto de datos completo. Sin embargo, si estamos tratando con un conjunto de datos más extenso, podemos usar el subconjunto para facilitar la manipulación. Pero, si analizamos la muestra, los resultados encontrados son representativos de una gran población. En resumen, podemos usar los resultados de la muestra como una inferencia del resto de la población.

Esto significa que debemos tener una muestra correcta que pueda revelar la naturaleza de toda la población. Por lo tanto, podemos decir que la muestra tiene que ser imparcial. El tema de muestreo es muy amplio, y no es posible definirlo por completo. Cada vez que muestree una población extensa, es necesario extraer muestras mayores que le permitan seleccionar una muestra al azar que contenga miembros de una determinada población.

## Preparación de Datos

En la minería de datos, es importante que los datos estén preparados. Este paso, que es crucial, a veces se ignora. Mirando nuestros primeros años, nos enseñaron que $1 + 1 = 2$. Los números se consideran sólidos, tangibles, concretos, así como un medio que podemos usar para medir todo. Sin embargo, los números poseen una característica única. Por ejemplo, es posible vender dos productos en el mismo día a un precio diferente. Las interpretaciones que se hacen solo en el valor nominal no son suficientes. Hay empresas individuales que usan datos para tomar decisiones, pero no logran garantizar que los datos sean importantes. Las empresas no logran cambiar datos en conocimiento e inteligencia.

## Método Supervisado y No Supervisado

Nos referimos a la minería de datos como un procedimiento que consiste en diferentes técnicas de análisis para encontrar patrones únicos, fascinantes e inesperados que pueden ayudarle a desarrollar predicciones correctas y exactas. En general, encontrará que existen dos métodos de análisis de datos. Uno de ellos es conocido como el método supervisado, mientras que el otro es el método no supervisado.

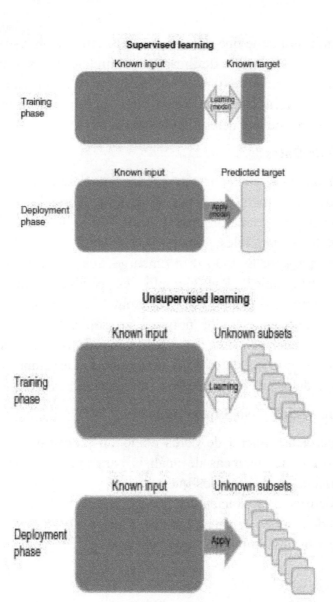

El método supervisado le permite hacer una estimación de dependencia única utilizando datos conocidos. Los datos de entrada podrían incluir cantidades de diferentes elementos creados por un cliente específico, fecha de compra, ubicación y el precio pagado.

La información de salida puede incluir algo más, como si los compradores pudieran aceptar una campaña de ventas específica. Podemos referirnos a la variable de salida como objetivos en la minería de datos. Cuando estamos tratando con un entorno supervisado, la entrada de muestra seleccionada debe pasar por un sistema de aprendizaje determinado. Cuando esto termina, se comparan tanto la salida como la entrada. Esto nos ayuda a determinar si los clientes pueden reconocer una campaña de venta específica.

### ¿Por Qué Minería de Datos?

Vivimos en un mundo donde tenemos una gran cantidad de datos generados y recopilados todos los días. Además, la necesidad de analizar este tipo de datos es importante. Por lo tanto, con la minería de datos, tenemos la oportunidad de convertir un gran conjunto de datos en conocimiento.

El motor de búsqueda tiene millones de consultas ingresadas todos los días. Podemos considerar cada consulta como una transacción donde el usuario puede explicar la información o sus necesidades. Curiosamente, existen ciertos patrones en las consultas de búsqueda de usuarios que pueden revelar un conocimiento crucial que nadie puede encontrar leyendo únicamente elementos de datos individuales.

Existen diversas razones por las que debería considerar trabajar con la minería de datos. En este momento, el volumen de datos que se está produciendo se está duplicando cada dos años, y es probable que la tasa aumente en el futuro. Los datos no estructurados, por sí solos, pueden representar el 90% de nuestro universo digital. Pero una mayor cantidad de información no siempre se traduce en más conocimiento.

Con la ayuda de la minería de datos, usted podrá lograr lo siguiente:

• Examinar toda la información que es repetitiva y caótica en los datos que tiene frente a usted.

- Comprender lo que es relevante y posteriormente aprovechar esa información para ayudarle a evaluar los posibles resultados.
- Puede acelerar la rapidez para tomar decisiones, gracias a los datos disponibles.

**¿Quién Utiliza la Minería de Datos?**

La siguiente pregunta que puede surgir es: "¿Quién es capaz de utilizar la minería de datos?" Esto parece ser un campo muy analítico, por lo que puede suponer que solo las empresas que confían en datos concretos todo el tiempo querrían usar esto. Sin embargo, encontrará que la minería de datos puede ser el centro de muchos tipos de esfuerzos analíticos, a través de diferentes disciplinas e industrias. Algunas de las diferentes industrias que se benefician del uso de la minería de datos incluyen:

- Comunicaciones: En un mercado muy saturado y donde la competencia es intensa, las respuestas para ayudarle a salir adelante y complacer a sus clientes a menudo se pueden encontrar dentro de los datos de los consumidores. Las compañías de telecomunicaciones y multimedia pueden usar varios modelos analíticos para ayudarlos a entender todos los datos de los clientes que tienen (y es probable que tengan muchos). Esta es una excelente manera de ayudar a estas compañías a predecir cómo se comportará su cliente y puede facilitar la creación de campañas relevantes y altamente específicas.
- Seguros: Con los conocimientos analíticos adecuados, las compañías de seguros pueden resolver algunos problemas complejos que incluyen el abandono de los clientes, la gestión de riesgos, el cumplimiento y el fraude. Las compañías de seguros han logrado utilizar diversas técnicas de minería de datos para ayudarlos de manera tal que los precios de los productos sean más efectivos en toda la

empresa y encuentren nuevas formas de ofrecer un producto que sea competitivo para la base de clientes que poseen.

• Educación: Es posible utilizar la minería de datos con la educación. Con una visión unificada y basada en datos del progreso de cada estudiante, un educador puede predecir cómo se desempeñará el estudiante incluso antes de ingresar al aula. Esto puede ser útil a medida que el educador trabaja para desarrollar estrategias de intervención que mantendrán al estudiante en curso. La minería de datos puede ayudar a los educadores a acceder a los datos de los estudiantes, predecir los niveles de rendimiento e incluso identificar a los estudiantes o grupos de estudiantes que puedan necesitar un poco de tiempo y atención adicionales.

• Manufactura: Alinear sus planes de suministro con los pronósticos de demanda es tan esencial como lo es la capacidad de detectar problemas de forma temprana, la inversión en el valor de la marca y la garantía de calidad. Los fabricantes pueden usar la minería de datos para predecir el estado de los activos de producción y anticipar cuándo será necesario el mantenimiento. Esto significa que pueden maximizar su tiempo de actividad y asegurarse de que la línea de producción pueda mantenerse dentro de lo programado.

• Banca: Existen diversos algoritmos automatizados que pueden ayudar a un banco a comprender su base de clientes, así como los miles de millones de transacciones que se encuentran en el sistema financiero. La minería de datos puede ayudar a estas compañías financieras de muchas maneras. Estas incluyen ayudar a detectar el fraude más rápidamente, brindarle a la empresa una mejor visión de sus riesgos en el mercado e incluso ayudarles a administrar las obligaciones de cumplimiento normativo.

• Comercio minorista: Las grandes bases de datos de clientes pueden ofrecer una gran cantidad de información para las empresas minoristas. Si son capaces de encontrar esta información, puede ayudar a mejorar las relaciones con los clientes, optimizar las campañas de marketing e incluso pronosticar ventas. A través de los modelos de datos precisos que obtienen de la minería de datos, estas empresas minoristas podrán ofrecer campañas más específicas y encontrar la oferta adecuada que tendrá mayor impacto en el cliente.

## Cómo funciona

La minería de datos, como disciplina compuesta, representa diversas técnicas y métodos diferentes que se pueden utilizar en diferentes capacidades analíticas. Estos son todos los recursos para ayudar a satisfacer una gran cantidad de necesidades que la empresa pueda tener. Pueden plantearse diferentes tipos de preguntas, junto con diferentes niveles de reglas o aportaciones humanas, para llegar a las respuestas que usted está buscando. Existen tres partes principales que lo acompañan y son:

*Modelado Descriptivo*

Esto incluye el tiempo para descubrir cualquier similitud compartida o agrupada de los datos históricos. Se realiza para ayudar a la compañía a determinar las razones detrás de un éxito o un fracaso. Este proceso podría incluir algo como categorizar las preferencias o sentimientos del producto de los clientes. Algunas de las técnicas de muestra utilizadas incluyen:

- Agrupación: Es aquí donde agrupará registros similares;
- Detección de anomalías: Identificación de valores atípicos multidimensionales;
- Aprendizaje de reglas de asociación: Detección de relaciones entre los registros;
- Análisis de componentes principales: Detección de la relación que está presente en las variables; y

- Agrupación de afinidad: Ocurre cuando se agrupan personas que tienen objetivos similares o intereses comunes.

*Modelado Predictivo*

Este tipo de modelado se profundizará para ayudar a clasificar los eventos en el futuro o para estimar resultados desconocidos. Por ejemplo, podría funcionar con un puntaje de crédito para determinar la probabilidad de que una persona pueda pagar su préstamo. El modelado predictivo también ayudará a descubrir información sobre aspectos como la falta de crédito, los resultados de la campaña y la rotación de clientes. Algunas de las técnicas que puede utilizar con este tipo de modelado incluyen:

- Regresión: Es una medida que determina qué tan fuerte es una relación entre una variable dependiente y una serie de variables independientes;
- Redes neurales: Son programas informáticos cuya función es detectar patrones, realizar predicciones y aprender;
- Árboles de decisión: Son diagramas en forma de árboles donde cada rama representa un suceso que es probable; y
- Máquinas de vectores de soporte: Son modelos de aprendizaje supervisados que tienen algoritmos de aprendizaje asociados.

*Modelado Prescriptivo*

Con el crecimiento de gran cantidad de datos no estructurados que provienen del audio, PDF, libros, correo electrónico, campos de comentarios, la web y otras fuentes de texto, la adopción de la minería de textos, una disciplina que se encuentra dentro de la minería de datos, ha experimentado un enorme crecimiento. Usted debe tener la capacidad de analizar, filtrar y luego transformar con éxito estos datos no estructurados para incluir estos datos en sus modelos predictivos para obtener una predicción precisa.

Al final, no desea obtener la extracción de datos y posteriormente asumir que es una entidad independiente porque el preprocesamiento y el pos procesamiento serán muy similares. El modelado prescriptivo analizará las variables internas y externas y las restricciones para ayudarle a obtener recomendaciones sobre uno o más cursos de acción. Esto podría incluir su uso para determinar qué oferta de marketing es la más adecuada para enviar a cada uno de sus clientes. Algunas de las técnicas que se incluyen en el modelado prescriptivo incluyen:

- Análisis predictivo más reglas: Aquí se desarrolla la técnica si/luego las reglas de patrones y posteriormente predice los resultados.

- Optimización de marketing: Simulación de la combinación de medios favorable en tiempo real para obtener el mayor retorno de la inversión posible.

# Capítulo 2: Conocer sus Datos

Es importante asegurarse de que los datos estén listos. Esto significa que debemos revisar los valores y atributos de los datos. Los datos del mundo real son caóticos y de gran tamaño, y existen momentos en que pueden surgir de fuentes aleatorias.

El presente capítulo le ayudará a familiarizarse con sus datos. Tener una mejor comprensión de los datos es fundamental cuando se trata de su procesamiento. Este es el primer paso importante cuando se trata del proceso de minería de datos. Algunos aspectos que componen los datos son:

- El tipo de valores de cada atributo.
- Descubrir atributos continuos y discretos.
- ¿Existe alguna manera de visualizar los datos para que podamos observarlos y obtener su significado?
- ¿Podemos identificar algunos valores atípicos?
- ¿Podemos examinar algunas similitudes de los objetos de datos con otros?

Si puede desarrollar este tipo de percepción, le ayudará en el resto del análisis.

Ahora puede preguntarse: *¿Qué necesito saber acerca de los datos que son críticos en el preprocesamiento?* Comenzaremos observando diferentes tipos de atributos. Algunos de estos comprenden los atributos binarios, atributos nominales, atributos numéricos y atributos ordinales. Revisaremos algunas descripciones estándar para que podamos entender de mejor manera los valores de los atributos.

Por ejemplo, si tiene un atributo de temperatura, es posible determinar la mediana, la moda y la temperatura media.

Tener una comprensión básica de estas estadísticas basadas en cada atributo hace que resulte sencillo para ayudar a completar cualquier valor faltante, así como identificar cualquier atributo anormal en el procesamiento de datos. Conocer los atributos, así como los valores de los atributos, puede contribuir drásticamente a reparar las anomalías que ocurrieron en la integración de datos. Mediante el uso de la media, la mediana y la moda, ayuda a revelar si los datos son simétricos o asimétricos. El campo de visualización de datos tiene numerosas técnicas. Esto ayudará a observar las desviaciones, tendencias y relaciones.

En otras palabras, antes del final de este capítulo, aprenderá acerca de los distintos tipos de atributos y algunas de las medidas estadísticas estándar para ayudar a definir la tendencia central, así como la dispersión.

**Objetos de Datos y Tipos de Atributos**

Los conjuntos de datos tienen objetos de datos. Un objeto de datos describe una entidad. Si tomamos un ejemplo de una base de datos de ventas, podemos tener objetos como clientes y ventas. Si tenemos una base de datos de deportes, los objetos podrían ser jugadores, equipos, etc. Si la base de datos pertenece a un colegio o universidad, los ejemplos de objetos incluyen cursos, profesores y estudiantes.

Los objetos de datos a menudo se describen por atributos. Los objetos de datos también podrían describirse como atributos. Además, podemos llamarlos instancias, muestras o incluso puntos de datos. Cuando almacenamos los objetos de datos en una base de datos, los llamamos tuplas de datos. Eso significa que las filas de la base de datos son similares a los objetos de datos y la columna es similar a los atributos.

## Atributo

Un atributo es simplemente un campo de datos que muestra las características de un objeto de datos. Los profesionales de la minería de datos, así como en el campo de la minería de datos, interactúan en repetidas ocasiones con el término atributo. Un atributo que describe un objeto de tipo cliente puede incluir lo siguiente: ID de cliente, dirección y nombre. Las observaciones se refieren a los valores observados para un atributo específico. El conjunto de atributos que normalmente se usa para describir un objeto preciso se conoce como vector de atributo. La distribución de datos de un solo atributo se conoce como univariado. La distribución de dos valores se conoce como bivariada. Un tipo de atributo se define por una colección de valores posibles: binario, numérico, ordinal y nominal.

## Atributos Nominales

Un atributo nominal es aquel que está asociado con los nombres. Los atributos nominales llevan consigo los nombres de objetos o incluso símbolos. Cada valor mostrará algún tipo de estado, categoría y, por lo tanto, los atributos nominales se denominan categóricos.

## Ejemplo de atributos nominales

Consideremos el color y el rendimiento, que son atributos que describen a un equipo de fútbol. Si creamos una aplicación, los valores potenciales para el color del equipo podrían ser azul, gris, blanco y marrón. De manera similar, los atributos para el rendimiento de equipo podrían incluir regular, increíble, promedio o excelente.

Aunque ya hemos mencionado anteriormente que los atributos nominales se refieren a símbolos y nombres de objetos, todavía podemos representar estos símbolos. Un buen ejemplo es el color del equipo, ya que podemos asignarle algunos códigos. Podemos tomar otro ejemplo como el ID de cliente con todos los valores posibles como numéricos. Sin embargo, en este caso, los números no deben usarse cuantitativamente.

Dado que los valores de un atributo nominal no son tan significativos, no es necesario determinar la mediana o el valor medio para este tipo de atributo si tiene una colección de objetos a su disposición. Una cosa que es significativa es el valor más frecuente del atributo. Esto se conoce como la moda y pertenece a las medidas de tendencia central.

**Atributos Binarios**

Para el atributo binario, tenemos dos tipos de estados: 0 o 1. En este caso, 0 representa un atributo que falta, mientras que 1 muestra que el atributo existe.

# Capítulo 3: Preparación de Datos

La naturaleza de los datos reales es diferente de muchas maneras. La mayoría de los valores pueden faltar, otros son inconsistentes y algunos incluso contienen errores. Para un analista de datos, esto genera muchos problemas al usar los datos de manera más efectiva. Tomemos un ejemplo del análisis del interés de los consumidores en función de sus diferentes tareas en las redes sociales. El analista puede intentar definir las operaciones que son centrales para el proceso de minería. Algunas de estas operaciones pueden tener intereses específicos del usuario, como los amigos del usuario. Para este caso, cada uno de este conjunto de información es diferente y se debe recopilar de bases de datos separadas en el sitio de la red social.

Además, existen elementos específicos de información que no se pueden utilizar directamente debido a su naturaleza. En su lugar, los rasgos críticos de la información deben extraerse de las fuentes de datos. Esto ocurre cuando la preparación de datos se vuelve importante.

La etapa de preparación de datos se constituye de procesos múltiples compuestos de pasos individuales. Algunos de los pasos pueden o no utilizarse en una aplicación.

## 1. Portabilidad y Extracción de Propiedades

Normalmente, es complicado procesar datos en bruto debido a su forma inicial. Algunas formas de datos sin procesar incluyen datos semiestructurados, registros sin procesar y muchos otros más. Debido a la incapacidad de procesar datos en bruto, es importante extraer las características principales de los datos. En general, entenderá que las propiedades de los datos que tienen la interpretabilidad correcta son mucho mejores porque ayudan a que una persona comprenda los resultados.

Además, están limitados por los objetivos de la aplicación de minería de datos. En situaciones donde los datos provienen de múltiples sitios, los datos deben integrarse en una base de datos para ayudar en su procesamiento. Así mismo, existen algoritmos específicos que funcionan con datos que tienen tipos heterogéneos. La portabilidad de los datos es importante al cambiar de un atributo a otro. Esto crea un conjunto de datos uniforme, que los algoritmos pueden procesar.

## 2. Depuración de datos

En este paso, eliminamos errores y entradas de datos impredecibles. Además, es durante este paso que realizamos la imputación. Existen diversas razones por las que debería considerar trabajar con la minería de datos. En este momento, el volumen de datos que se está produciendo se está duplicando cada dos años, y es probable que la tasa aumente en el futuro. Los datos no estructurados, por sí solos, pueden representar el 90 por ciento de nuestro universo digital. Pero una mayor cantidad de información no siempre se traduce en más conocimiento.

Con la ayuda de la minería de datos, usted podrá lograr lo siguiente:

• Examinar toda la información que es repetitiva y caótica en los datos que tiene frente a usted.

- Comprender qué es relevante y posteriormente aprovechar esa información para ayudarle a evaluar los posibles resultados.
- Puede acelerar la rapidez para tomar decisiones, gracias a los datos disponibles.

### ¿Quién Utiliza la Minería de Datos?

La siguiente pregunta que puede surgir es: "¿Quién es capaz de utilizar la minería de datos?" Esto parece ser un campo muy analítico, por lo que puede suponer que solo las empresas que confían en datos concretos todo el tiempo querrían usar esto. Sin embargo, encontrará que la minería de datos puede ser el centro de muchos tipos de esfuerzos analíticos, a través de diferentes disciplinas e industrias. Algunas de las diferentes industrias que se benefician del uso de la minería de datos incluyen:

- Comunicaciones: En un mercado muy saturado y donde la competencia es intensa, las respuestas para ayudarle a salir adelante y complacer a sus clientes a menudo se pueden encontrar dentro de los datos de los consumidores. Las compañías de telecomunicaciones y multimedia pueden usar varios modelos analíticos para ayudarlos a entender todos los datos de los clientes que tienen (y es probable que tengan muchos). Esta es una excelente manera de ayudar a estas compañías a predecir cómo se comportará su cliente y puede facilitar la creación de campañas relevantes y altamente específicas.

- Seguros: Con los conocimientos analíticos adecuados, las compañías de seguros pueden resolver algunos problemas complejos que incluyen el abandono de los clientes, la gestión de riesgos, el cumplimiento y el fraude. Las compañías de seguros han logrado utilizar diversas técnicas de minería de datos para ayudarlos de manera tal que los precios de los productos sean más efectivos en toda la empresa y encuentren nuevas formas de ofrecer un producto que sea competitivo para la base de clientes que poseen.

• Educación: Es posible utilizar la minería de datos con la educación. Con una visión unificada y basada en datos del progreso de cada estudiante, un educador puede predecir cómo se desempeñará el estudiante incluso antes de ingresar al aula. Esto puede ser útil a medida que el educador trabaja para desarrollar estrategias de intervención que mantendrán al estudiante en curso. La minería de datos puede ayudar a los educadores a acceder a los datos de los estudiantes, predecir los niveles de rendimiento e incluso identificar a los estudiantes o grupos de estudiantes que puedan necesitar un poco de tiempo y atención adicionales.

• Manufactura: Alinear sus planes de suministro con los pronósticos de demanda es tan esencial, como lo es la capacidad de detectar problemas en forma temprana, la inversión en el valor de la marca y la garantía de calidad. Los fabricantes pueden usar la minería de datos para predecir el estado de los activos de producción y anticipar cuándo será necesario el mantenimiento. Esto significa que pueden maximizar su tiempo de actividad y asegurarse de que la línea de producción pueda mantenerse dentro de lo programado.

• Banca: Existen diversos algoritmos automatizados que pueden ayudar a un banco a comprender su base de clientes, así como los miles de millones de transacciones que se encuentran en el sistema financiero. La minería de datos puede ayudar a estas compañías financieras de muchas maneras. Estas incluyen ayudar a detectar el fraude más rápidamente, brindarle a la empresa una mejor visión de sus riesgos en el mercado e incluso ayudarles a administrar las obligaciones de cumplimiento normativo.

• Comercio minorista: Las grandes bases de datos de clientes pueden ofrecer una gran cantidad de información para las empresas minoristas. Si son capaces de encontrar esta información, puede ayudar a mejorar las relaciones con los clientes, optimizar las campañas de marketing e incluso pronosticar ventas. A través de los modelos de datos precisos que obtienen de la minería de datos, estas empresas minoristas podrán ofrecer campañas más específicas y encontrar la oferta adecuada que tendrá mayor impacto en el cliente.

## Cómo funciona

La minería de datos, como disciplina compuesta, representa diversas técnicas y métodos diferentes que se pueden utilizar en diferentes capacidades analíticas. Estos son todos los recursos para ayudar a satisfacer una gran cantidad de necesidades que la empresa pueda tener. Pueden plantearse diferentes tipos de preguntas, junto con diferentes niveles de reglas o aportaciones humanas, para llegar a las respuestas que usted está buscando. Existen tres partes principales que lo acompañan y son:

### Modelado Descriptivo

Esto incluye el tiempo para descubrir cualquier similitud compartida o agrupada de los datos históricos. Se realiza para ayudar a la compañía a determinar las razones detrás de un éxito o un fracaso. Este proceso podría incluir algo como categorizar las preferencias o sentimientos del producto de los clientes. Algunas de las técnicas de muestra utilizadas incluyen:

- Agrupación: Es aquí donde agrupará registros similares;
- Detección de anomalías: Identificación de valores atípicos multidimensionales;
- Aprendizaje de reglas de asociación: Detección de relaciones entre los registros;
- Análisis de componentes principales: Detección de la relación que está presente en las variables; y

- Agrupación de afinidad: Ocurre cuando se agrupan personas que tienen objetivos similares o intereses comunes.

*Modelado Predictivo*

Este tipo de modelado se profundizará para ayudar a clasificar los eventos en el futuro o para estimar resultados desconocidos. Por ejemplo, podría funcionar con un puntaje de crédito para determinar la probabilidad de que una persona pueda pagar su préstamo. El modelado predictivo también ayudará a descubrir información sobre aspectos como la falta de crédito, los resultados de la campaña y la rotación de clientes. Algunas de las técnicas que puede utilizar con este tipo de modelado incluyen:

- Regresión: Es una medida que determina qué tan fuerte es una relación entre una variable dependiente y una serie de variables independientes;
- Redes neurales: Son programas informáticos cuya función es detectar patrones, realizar predicciones y aprender;
- Árboles de decisión: Son diagramas en forma de árboles donde cada rama representa un suceso que es probable; y
- Máquinas de vectores de soporte: Son modelos de aprendizaje supervisados que tienen algoritmos de aprendizaje asociados.

*Modelado Prescriptivo*

Con el crecimiento de gran cantidad de datos no estructurados que provienen del audio, PDF, libros, correo electrónico, campos de comentarios, la web y otras fuentes de texto, la adopción de la minería de textos, una disciplina que se encuentra dentro de la minería de datos, ha experimentado un enorme crecimiento. Usted debe tener la capacidad de analizar, filtrar y luego transformar con éxito estos datos no estructurados para incluir estos datos en sus modelos predictivos para obtener una predicción precisa.

Al final, no desea obtener la extracción de datos y posteriormente asumir que es una entidad independiente porque el preprocesamiento y el pos procesamiento serán muy similares. El modelado prescriptivo analizará las variables internas y externas y las restricciones para ayudarle a obtener recomendaciones sobre uno o más cursos de acción. Esto podría incluir su uso para determinar qué oferta de marketing es la más adecuada para enviar a cada uno de sus clientes. Algunas de las técnicas que se incluyen en el modelado prescriptivo incluyen:

- Análisis predictivo más reglas: Aquí se desarrolla la técnica si/luego las reglas de patrones y posteriormente predice los resultados.
- Optimización de marketing: Simulación de la combinación de medios favorable en tiempo real para obtener el mayor retorno de la inversión posible.

### 3. Seleccionar, Reducir y Transformar Datos

Esta fase reduce el alcance de los datos a través de la transformación y la selección de subconjuntos de sus características. Esta fase tiene dos ventajas. Primero, cuando reducimos el tamaño de los datos, mejoramos la eficiencia del algoritmo.

La segunda ventaja son los registros superfluos que se eliminan, lo que mejora la naturaleza estética del proceso de minería. La primera ventaja se obtiene mediante el muestreo genérico y el mecanismo de reducción de la dimensionalidad. Para obtener la segunda ventaja, tenemos que utilizar una técnica avanzada para seleccionar las características.

### Minería de características y portabilidad

Lo primero que debe hacer en la minería de datos es crear una colección de características que ayuden a un analista. Las instancias donde los datos brutos sin formato requieren la eliminación de características durante el procesamiento. En el caso de que tengamos un estado uniforme de características en diversas formas, entonces un enfoque "estándar" no es el más adecuado. En su lugar, se recomienda convertir los datos en una representación idéntica o uniforme.

## Extracción de características

Es importante tener en cuenta que el primer paso en la extracción de características es crítico, ya sea que dependa o no de la aplicación. En algunos casos, la extracción de características es idéntica a la portabilidad de datos donde las características de bajo nivel se convierten en una característica más avanzada.

### 1. Datos de sensor

Este tipo de datos se recopilan en forma de señales de bajo nivel. Es posible cambiar las señales en una función avanzada usando transformadas de Fourier. En ocasiones, las series de tiempo se utilizan después de que finaliza la depuración de datos.

Los sensores se pueden usar para detectar cualquier tipo de elemento físico que desee. Algunos de los diferentes ejemplos de sensores que puede usar para ayudarle a tener una idea de las diferentes aplicaciones de estos sensores incluyen:

- Acelerómetro: Este sensor es capaz de detectar la aceleración gravitatoria en cualquier dispositivo donde se encuentre instalado. Podría ser un controlador de juegos o un teléfono inteligente. Funciona para determinar valores como la vibración, la inclinación y la aceleración.

- Fotosensor: Tiene la capacidad de detectar la presencia de luz visible, energía UV y transmisión infrarroja.

- Lidar: Método de detección, búsqueda de rango y mapeo basado en láser, con frecuencia utiliza un láser de pulso de baja potencia y seguro para los ojos que funciona junto con una cámara.

- CCD: Se conoce como un dispositivo de carga acoplada y puede almacenar y mostrar los datos de una imagen de manera que cada uno de los píxeles de la imagen se convierta en una carga eléctrica. La intensidad de estas cargas está relacionada con un color dentro del espectro de colores.

• Red inteligente: Estos sensores pueden proporcionarle datos en tiempo real sobre las condiciones de la red para que pueda verificar las interrupciones, fallos, carga y alarmas de activación.

## 2. Datos de imagen

Se representa en píxeles en su forma primitiva. En los niveles avanzados, utilizamos los histogramas de color para representar las características en diferentes segmentos de imagen. Recientemente, el uso de palabras visuales ha aumentado en popularidad. Esta es una representación semántica similar a los datos del documento. Representa un gran desafío cuando se trata del procesamiento de imágenes es la alta naturaleza dimensional de los datos. Por lo tanto, es posible usar las características extraídas en diferentes puntos según la aplicación.

## 3. Weblogs

Aparecen como cadenas de texto. Si desea convertir los weblogs en una forma multidimensional, el proceso es sencillo.

## 4. Tráfico de red

Cuando se trata de detectar una forma de intrusión en una red, el estado general de los paquetes de la red es importante si desea examinar las intrusiones y otras actividades. Dependiendo del tipo de aplicaciones, podemos identificar diferentes características de los paquetes.

## 5. Datos del documento

Existe en forma no estructurada y en bruto. Los datos pueden contener diversas asociaciones lingüísticas entre entidades. Una técnica es eliminar los datos desde su origen y usar una colección de palabras. Otras técnicas implican la aplicación de la extracción de entidades para crear una relación lingüística.

Cuando se trata de la extracción de características, es una técnica que depende del analista de datos para descubrir los rasgos y propiedades que se ajustan al tipo de operación en cuestión. Aunque este campo es adecuado para un dominio determinado, el análisis solo puede ser aceptado en función de las características que se extraen.

**Tipos de portabilidad de datos**

Constituye otro paso importante en el proceso de minería de datos debido a que un gran porcentaje de los datos está mezclado y puede ser diferente. Por ejemplo, el conjunto de datos de un lugar demográfico podría contener números y características mixtas. Con este tipo de variación en el conjunto de datos, se requiere que el analista diseñe un algoritmo eficiente que pueda integrar todas las combinaciones de los tipos de datos. La extracción de tipos de datos no permite al analista aplicar las herramientas de procesamiento listas para usar.

En esta sección, aprenderemos los métodos que se pueden utilizar para convertir diferentes tipos de datos. Dado que el tipo de datos numéricos es uno de los algoritmos de minería más utilizados, debe concentrarse en cómo convertir diferentes tipos de datos. Además de esto, los tipos de conversión restantes siguen siendo importantes. Por ejemplo, en los algoritmos de similitud, puede convertir un tipo de datos en un gráfico y usar algoritmos para representarlo.

**Discretización**

Uno de los tipos de conversión más populares es la conversión de tipos de datos numéricos a categóricos. Es aquí donde los diferentes valores de los rangos se dividen en $\varphi$Tranges. Esta propiedad tiene diversos valores categorizados que comienzan desde 1 hasta $\varphi$, sujeto al rango de atributo inicial.

Durante el proceso de discretización, la información se pierde en el proceso de minería. Sin embargo, tenemos aplicaciones donde la pérdida de información no es tan devastadora. La principal desventaja es que podemos tener datos que se distribuyen aleatoriamente en intervalos separados. Un ejemplo a considerar es el atributo de salario.

De manera similar, el atributo de edad no se distribuye uniformemente, y esto significa que un rango de igual tamaño podría funcionar bien. La discretización no tiene una forma única de hacerlo. De hecho, existen muchas formas sujetas a la aplicación particular de la meta.

### 1. Rangos equi-anchura

Aquí tenemos un rango de [a, b] seleccionado donde b-a son el mismo para cada intervalo. La debilidad de este método es que no es posible utilizarlo en conjuntos de datos con propiedades que se distribuyen aleatoriamente en diferentes intervalos. Para averiguar el valor del rango inicial, debemos asegurarnos de que definimos el valor más bajo y más alto de cada propiedad. Después de esto, podemos dividir tanto el valor mínimo como el máximo en un rango de igual tamaño.

### 2. Rangos equi-registro

En este caso, cada intervalo en [a, b] se selecciona de tal manera que si restamos log (b) -log (a) obtenemos el mismo valor. Esto tiende a tener las características de un rango creciente [a1, a2, a3] para un> 1. Este tipo de rango se aplica cada vez que un atributo muestra características de distribución exponencial en un rango determinado.

### 3. Rangos equi-profundidad

Este tipo de rango requiere que se seleccione un rango. El rango elegido debe tener el mismo número de registros. La idea general es asegurarse de crear un nivel de similitud en cada rango. Podemos dividir una propiedad dada en divisiones de igual rango realizando una clasificación y, finalmente, seleccionar los puntos de división en cada valor de propiedad que se clasifica.

### Binarización

Existen ocasiones en que es importante aplicar algoritmos numéricos en un dato específico. Puede lograrlo debido a las diferencias que existen entre los datos binarios y otros tipos de datos, como los datos numéricos y los datos categóricos. Si lo desea, puede convertir un tipo de datos categóricos en un tipo de datos binarios. Si sucede que la propiedad categórica de los datos tiene atributos extranjeros, entonces es necesario producir una propiedad binaria extranjera. Cada atributo es el mismo que el valor del atributo categórico.

### Convertir texto en datos numéricos

Si bien la representación de texto es un conjunto numérico disperso que contiene dimensiones avanzadas, no es tan conocido en comparación con los algoritmos generales de minería de datos. Por ejemplo, una persona puede decidir usar una función de coseno en lugar de aplicar la distancia euclidiana para cada dato de texto. Esta es una de las razones por las que la minería de texto es única, y tiene sus propios algoritmos. Independientemente de eso, puede cambiar un conjunto de texto en algo generalizado con los algoritmos numéricos. Primero, aplique un análisis semántico para ayudar a cambiar un conjunto de texto en una dimensión inferior. Una vez que haya terminado con la transformación, puede comenzar a escalar.

### Convertir series de tiempo en una secuencia de datos discreta

Si desea cambiar los datos de una serie de tiempo en una secuencia de datos discreta, existen dos enfoques a seguir. Ambos métodos se describen brevemente a continuación:

### 1. Promedio basado en ventanas

En este método, existe la longitud de la ventana w, y la serie de tiempo promedio de cada ventana calculada.

### 2. Discretización basada en el valor

Este método divide primero los valores de las series de tiempo en segmentos más pequeños de intervalos iguales, similar al enfoque de discretización de profundidad equitativa utilizado en las propiedades numéricas. El punto a tener en cuenta es que cada símbolo tiene una frecuencia de serie de tiempo igual. Los límites del intervalo se crean haciendo una suposición. El supuesto es que los valores de las series de tiempo se distribuyen a través del método Gaussiano. En cada caso, calculamos la desviación estándar y la media de las series de tiempo para que podamos asignar parámetros a la distribución de Gauss. Los cuantiles definidos a través de la distribución de Gauss son importantes cuando se requiere establecer los límites de los intervalos. Por lo general, esto es mejor en comparación con la clasificación de todos los valores de datos.

**Convertir datos de series de tiempo en números**

Esto es muy importante porque nos ayuda a tener la oportunidad de utilizar algoritmos multidimensionales. La transformación de longitud de onda discreta se utiliza en el siguiente enfoque. La transformación de longitud de onda cambia los datos de series de tiempo en datos multidimensionales, una colección de coeficientes, que muestran la diferencia promedio entre porciones separadas de la serie.

**Convertir datos discretos en datos numéricos**

Este tipo de conversión puede tener lugar de dos maneras diferentes. El primero es cambiar la secuencia discreta en una serie de tiempo binaria. Este tipo de conversión tiene el número de series de tiempo equivalente al número de símbolos únicos.

La segunda forma es donde mapeamos valores de series de tiempo individuales en un vector multidimensional. Esto se hace con la ayuda de una transformación wavelet. Por último, combinamos todas las características de series de tiempo en un solo registro.

Para cambiar un orden en una serie de tiempo binaria, es importante construir una cadena binaria que pueda definir si un símbolo determinado está presente en una posición específica.

## Datos espaciales a numéricos

Es posible convertir los datos espaciales en numéricos utilizando un enfoque similar usado para convertir el tipo de datos de series de tiempo. La única excepción en este tipo de conversión es la existencia de dos propiedades principales que requieren una modificación a la transformación de wavelet.

## Convertir gráficos en datos numéricos

Es posible cambiar los datos de un gráfico en datos numéricos aplicando diversos métodos, como el escalamiento multidimensional. La mayoría de estos métodos son adecuados para aplicaciones en las que tenemos los bordes ponderados. Además, existen algunas relaciones a distancia. El enfoque más espectral se puede aplicar al convertir una gráfica en una representación multidimensional.

## Limpieza de datos

Este proceso es clave debido a los errores y la inconsistencia en el proceso de recopilación de datos. Es posible que surjan algunos errores y entradas en el proceso de recopilación. Algunos de los ejemplos incluyen:

1. Existen ciertas tecnologías de recopilación de datos que nunca son precisas debido a las limitaciones de hardware relacionadas con la transmisión y recopilación. Por ejemplo, los sensores pueden omitir una lectura debido al agotamiento de la batería o los problemas de hardware.

2. Los datos que se recopilan utilizando las tecnologías de escaneo pueden contener errores porque el dispositivo de caracteres ópticos puede tener errores. Además, los datos de voz a texto contienen errores.

3. Los usuarios pueden evitar describir su información debido a la privacidad, o pueden enviar detalles incorrectos.
4. Un tamaño razonable de los datos se produce manualmente. Los errores manuales son propensos en el proceso de entrada de datos.
5. Es posible que la entrada definida para la recopilación de datos no tenga campos para ciertos registros que parezcan costosos. Por lo tanto, podemos tener registros que no estén correctamente especificados.

Los problemas enumerados anteriormente podrían afectar la precisión de las aplicaciones de minería de datos. Por lo tanto, se requieren métodos para corregir los errores y los valores faltantes en los datos. A continuación, se presentan algunas de las propiedades enumeradas en la minería de datos:

## 1. Tratar con valores faltantes

Muchos registros de datos tienen menos información debido a las desventajas en el proceso de recopilación de datos o la naturaleza general de los datos. Estos tipos de entradas requieren una estimación. El procedimiento de aproximación de entradas se denomina imputación.

## 2. Tratar con registros incorrectos

En situaciones donde tenemos información similar de diferentes fuentes, es posible detectar inconsistencias. El proceso analítico implica la eliminación de tales inconsistencias.

## 3. Escalado de datos y normalización

Los datos se pueden expresar en diferentes formas. Esto puede hacer que ciertas funciones reciban mucha más atención que otras. Por lo tanto, es una buena práctica aprender a normalizar funciones separadas.

Veamos en detalle cada uno de los aspectos de la limpieza de datos mencionados anteriormente.

## 1. Tratar con valores faltantes

Las instancias de entradas faltantes son prominentes en las bases de datos que tienen un método incorrecto de recolección de datos. Algunos ejemplos son encuestas de usuarios que no pueden permitir que se recopilen respuestas a todas las preguntas. Se pueden usar tres técnicas para corregir las entradas omitidas o mal ubicadas:

1. Un registro de datos con entradas faltantes se elimina por completo. Sin embargo, este método podría no ser el mejor cuando la mayoría de los registros tienen entradas extraviadas.
2. Los valores omitidos deben ser asignados. Sin embargo, los errores que pueden surgir a través de la imputación pueden interferir con el algoritmo de extracción de datos.
3. El método analítico se crea de manera que pueda tratar con los valores faltantes. Muchas de las técnicas de minería de datos funcionan de manera correcta cuando tenemos valores fuera de lugar. Este es el mejor enfoque porque limita los sesgos en la fase de imputación.

El desafío que existe al aproximar las entradas es similar al de la clasificación. Un atributo se asume único, y los valores restantes definen la estimación del valor. Por lo tanto, un valor fuera de lugar podría aparecer en cualquier propiedad, y esto hace que el problema sea más difícil.

Cuando consideramos datos espaciales y datos de series de tiempo, es fácil aproximar un valor fuera de lugar. En este caso, los valores de comportamiento se utilizan durante la fase de imputación.

### Cómo tratar con valores faltantes

Los principales métodos utilizados para corregir y eliminar entradas inconsistentes incluyen:

### 1. Detección de inconsistencias

Esto se logra cuando los datos de diferentes fuentes de formato están presentes. Por ejemplo, el nombre de una persona puede estar escrito en su totalidad, mientras que las fuentes restantes pueden tener símbolos para las iniciales y el apellido. En este ejemplo, la principal preocupación es la detección de inconsistencias y duplicados.

## 2. Conocimiento del dominio

Existe un tamaño considerable del conocimiento del dominio basado en el rango de los atributos. Un ejemplo es que, si el país es Estados Unidos, entonces la ciudad no puede ser "Dubai". Muchas de las herramientas de auditoría y depuración de datos están diseñadas para usar las restricciones de dominio y el conocimiento para controlar las entradas incorrectas.

## 3. Métodos centrados en datos

Este método aplica el comportamiento de datos estadísticos para definir valores atípicos.

### Escalado y Normalización

La mayoría de las veces, las diferentes características muestran escalas de referencia separadas, y es difícil comparar una con otra. Por ejemplo, el atributo de edad se define en una escala diferente a un atributo de salario.

### Transformación y Reducción de Datos

El concepto detrás de la reducción de datos es mostrarlo de manera compacta. En el caso de que el tamaño de los datos sea reducido, no es difícil usar algoritmos costosos o complejos. Los datos pueden reducirse en forma de filas o columnas. La reducción de datos no conduce a la pérdida de información, pero el uso de un algoritmo avanzado puede causar la pérdida de información. A continuación, se presentan algunas de las técnicas a utilizar en la reducción de datos:

### 1. Muestreo de datos

En este método, los registros de datos ocultos se extraen para ayudar a realizar una base de datos de tamaño reducido. En general, es difícil muestrear datos de transmisión porque la muestra debe actualizarse dinámicamente.

## 2. Selección de características

Es aquí donde seleccionamos un pequeño subconjunto de las características de datos y lo aplicamos en el proceso analítico. La selección de un subconjunto se realiza de forma dependiente de la aplicación. Esto se debe a que un método que podría funcionar en la agrupación en clústeres puede no aplicarse durante la clasificación.

## 3. Reducción de datos

La relación existente en los datos es ayudar a revelar algunas dimensiones. Si desea reducir los datos, puede decidir utilizar el análisis semántico, el análisis latente y otros métodos que no se mencionan aquí.

## 4. Reducción de datos en función del tipo de transformación

Este tipo de datos está asociado con la portabilidad de tipos.

# Capítulo 4: Similitud y Distancias

La mayor parte de la manera en que se aplica la minería de datos requiere una forma de crear una distinción entre atributos, patrones y eventos similares presentes en los datos. Es una forma en la que puede descubrir la similitud entre los objetos de datos. La mayoría de los problemas experimentados en la minería de datos tienen alguna similitud.

Con las funciones de similitud, notará que los valores más grandes tienen una similitud mayor y lo contrario cuando se trata de funciones relacionadas con la distancia. Otros campos, como los datos espaciales, las funciones de distancia son los más discutidos popularmente, mientras que, en el dominio de texto, las funciones de similitud toman la iniciativa. No solo eso, sino también los principios utilizados en el desarrollo de estas funciones son diferentes.

Este capítulo examinará algunas de las funciones relacionadas con la distancia y la similitud. Ambas funciones aparecen en forma cerrada, excepto en dominios específicos donde tenemos los datos de series de tiempo determinados algorítmicamente.

Las funciones de distancia son críticas cuando se trata del diseño de los algoritmos de minería de datos. Una de las razones de esto es que una mala elección afectará negativamente la calidad de los resultados. Existen situaciones en las que un analista de datos utilizará la función euclidiana sin tener en cuenta la elección general. En general, es una opción poco común para un analista menos experimentado dedicar demasiado esfuerzo en el diseño del algoritmo cuando se trata de la función de distancia.

**Datos Multidimensionales**

Aunque los datos multidimensionales parecen simples, existe mucha diferencia en el diseño de la función de distancia cuando consideramos los tipos de atributos como los datos cualitativos o categóricos.

**Datos Cuantitativos**

La norma Lp es el tipo de función de distancia más común utilizado para tratar los datos cuantitativos. Definimos la norma Lp de dos puntos de datos como el punto X y Y de la siguiente manera:

$$Dist(\overline{X}, \overline{Y}) = \left( \sum_{i=1}^{d} |x_i - y_i|^p \right)^{1/p}.$$

Las dos instancias de la norma Lp incluyen las métricas de Euclides y Manhattan. Ambos casos son únicos. Una línea recta que une dos puntos de datos se denomina distancia euclidiana, mientras que la distancia alrededor de una región organizada en forma rectangular es la distancia de Manhattan.

La rotación invariable es una propiedad de la distancia euclidiana, que no puede afectar la naturaleza de un sistema dado. Esta característica indica que los cambios en PCA, SVD y la transformación de wavelet deben excluirse de la distancia. Otra situación importante tiene que ver con el ajuste de $p = \infty$. Este tipo de cálculo crea dos objetos que están lejos el uno del otro y muestran el valor absoluto de la distancia.

Cuando se trata de la norma Lp, es una función de distancia común utilizada en la minería de datos. Es común debido a su atractivo intuitivo natural y la interpretabilidad de las normas L1 y L2 cuando se utiliza en aplicaciones espaciales. Sin embargo, la interpretación natural de las distancias anteriores no significa que sean las más importantes. Además, estas funciones pueden dejar de funcionar correctamente siempre que los datos sean de alta dimensión.

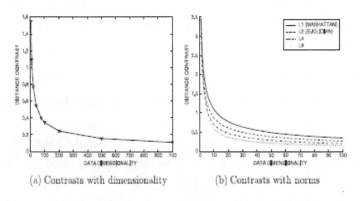

(a) Contrasts with dimensionality       (b) Contrasts with norms

La figura anterior muestra cómo una reducción en la distancia varía con el aumento de las dimensiones y las normas.

**El impacto de la relevancia del dominio específico**

En algunos casos, es posible que el analista indique el tipo de características que son importantes de otros en una aplicación específica. Por ejemplo, cuando observamos un software de calificación crediticia, el atributo de salario es importante cuando diseñamos el sistema y la función de distancia. Esto no es lo mismo que una propiedad de género que puede tener varias diferencias.

En el siguiente caso, el analista puede decidir medir la propiedad de manera diferente en caso de que exista un conocimiento específico del dominio. Por lo general, este procedimiento heurístico depende de la habilidad y las experiencias. La distancia de Lp generalizada es la mejor para esta situación, y es definida de la misma manera que la norma de Lp, la única diferencia es que el coeficiente a1 está relacionado con la propiedad "ith". El mismo factor se usa para calcular el peso de la característica relacionada en la norma Lp.

$$Dist(\overline{X},\overline{Y}) = \left(\sum_{i=1}^{d} a_i \cdot |x_i - y_i|^p\right)^{1/p}.$$

La mayoría de las veces, este conocimiento de dominio no existe. En este caso, la norma Lp puede ser el estado predeterminado. Sin embargo, cuando no hay conocimiento relacionado con las características clave, la norma Lp se vuelve vulnerable a los efectos de las dimensiones.

**El Impacto de la Alta Dimensionalidad**

Si observa los casos de solicitud para la minería de datos basada en la distancia, se dará cuenta de que la eficiencia disminuye con el aumento de la dimensionalidad. Podemos considerar un algoritmo de distancia diseñado para agrupamiento; este algoritmo puede crear puntos de datos especiales debido al aumento de la dimensión. Esto significa que el modelo de clasificación y agrupamiento basado en la distancia es ineficiente cualitativamente. Esto también se conoce como la "maldición de la dimensionalidad".

**El Efecto de las Características Localmente Irrelevantes**

Una de las principales formas de evaluar el impacto creado por la alta dimensionalidad es analizar las características innecesarias. Esto es importante porque todas las propiedades serán diferentes en un conjunto de datos extenso. Un ejemplo es una base de datos que contiene los registros de historia clínica de los pacientes.

Una métrica de distancia puede resultar en un alto valor que emerge de los módulos ruidosos. El factor clave es que las características exactas importantes para el cálculo de la distancia pueden ser sensibles a un par específico de objetos comparados. Es difícil para el subconjunto de características globales resolver este problema porque la importancia de las características se define localmente utilizando un par de objetos. En general, virtualmente todas las características pueden ser innecesarias.

Cuando tenemos muchas características irrelevantes, las características innecesarias se representan en distancias. En muchos casos, estas características innecesarias pueden generar errores al calcular la distancia. Dado que un conjunto de datos de alta dimensión puede tener características separadas, y muchas de estas características no son relevantes, el efecto aditivo puede no ser peor.

**El efecto de Diferentes normas Lp**

Las diferentes normas Lp no funcionan de la misma manera que el contraste de distancia o las características irrelevantes. Puede considerar el peor de los casos donde $p = \infty$. Esto resulta en el uso de una dimensión donde dos objetos no son iguales. En la mayoría de los casos, esto podría ser el resultado de una variación normal en una propiedad impar no necesaria en las aplicaciones de similitud.

**Cálculo de una partida en semejanza**

Dado que se recomienda elegir las características apropiadas localmente para un cálculo de distancia dado, una pregunta que debe abordarse es cómo esto puede ser posible en la minería de datos. Una forma fácil de abordarlo es asumiendo la evidencia agregada de comparar valores característicos que se han encontrado para ser eficientes. Además, la técnica no es difícil de implementar. Lo más importante es que funciona perfectamente para datos de alta dimensión, son los efectos causados por las variaciones en el ruido y los atributos individuales. Normalmente, este tipo de enfoque crea diversos desafíos para los datos de baja dimensión. Por lo tanto, se requiere una técnica para modificar las dimensiones de los datos automáticamente. Con un aumento en la dimensionalidad, un registro puede tener propiedades tanto verdaderas como falsas. Un par de objetos semánticos puede tener diferentes valores debido a la diferencia en la interferencia.

Al mismo tiempo, un par de objetos pueden tener valores similares y cubrir una propiedad amplia. Lo más fascinante es que la métrica euclidiana utiliza un efecto completamente diferente. Esto hace que los módulos de interferencia de las características impares ocupen un espacio grande y traduzcan los mismos atributos relevantes.

La norma $L\infty$ es un buen ejemplo para indicar la dimensión que tiene el mayor valor de distancia. En los dominios avanzados, parece existir un énfasis en el impacto agregado de una coincidencia en numerosos valores en lugar de grandes distancias en una propiedad individual. También puede utilizar el mismo principio en datos cuantitativos.

Una forma de enfatizar los niveles exactos de disimilitud es con la ayuda del valor límite umbral de proximidad. Para lograr esto, es importante que los datos se mantengan en un estado discreto. Cada dimensión se divide en cubos kd equi-profundidad. El número de cubos depende de las dimensiones de los datos.

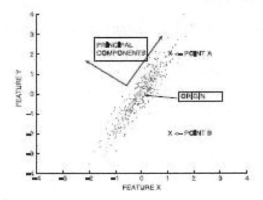

Global data distributions impact distance computations

## El Efecto de la Distribución de Datos

La norma Lp se basa en dos puntos de datos y tiene una relación indirecta con las estadísticas globales del resto de los puntos. Esto significa que la distancia depende de cómo se distribuyen los datos en el conjunto de datos. Para mostrar esto, debe consultar la distribución que se muestra a continuación. Además de eso, los dos puntos de datos A y B se han demostrado en el diagrama anterior. Como puede ver, los puntos A y B son equidistantes del origen en función de la norma Lp.

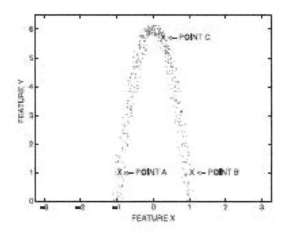

Impact of nonlinear distributions on distance computations

Una pregunta importante es si los puntos A y B son equidistantes del centro. La respuesta a esto es que tenemos una línea que va de O a A que es igual al cambio más significativo en la dirección de los datos, y existe la posibilidad de que los puntos de datos estén lejos en este caso. Del mismo modo, muchas partes que van de O a B no están densamente pobladas. Además, tenemos la dirección equivalente como un punto de baja varianza. Esto significa que se debe realizar una comparación entre O y A y entre O y B.

La 'distancia de Mahalanobis' está diseñada de acuerdo con este principio. Si desea comprender la distancia de Mahalanobis, debe analizarla a partir del análisis de componentes. Esta distancia es la misma que la distancia euclidiana, con la única excepción de que estandariza los datos en función de las asociaciones entre los atributos. Por ejemplo, si necesitamos rotar el eje a la dirección principal de los datos, esos datos deberían estar sin las asociaciones entre atributos.

## Las Distribuciones no lineales: ISOMAP

Consideremos un caso donde los datos tienen una distribución no lineal de cualquier forma. Un gran ejemplo es la distribución global ilustrada en la siguiente figura. De acuerdo con los tres puntos de datos que se muestran arriba, ¿qué par considera que está cerca del otro? Al principio, podría decir que A y B son los más cercanos; sin embargo, la distribución global es diferente. Un enfoque para aplicar en la comprensión de distancias es encontrar la longitud más corta de un punto a otro.

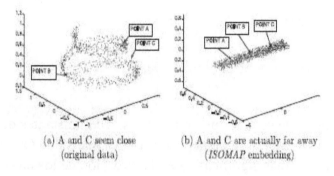

(a) A and C seem close
(original data)

(b) A and C are actually far away
(*ISOMAP* embedding)

El concepto principal es que solo los saltos puntuales cortos permiten medir los cambios más pequeños que ocurren en el proceso generativo. Por lo tanto, la suma total de saltos de un punto a otro es el cambio acumulativo de una región a otra.

### Efecto de Distribución de Datos Locales

La presente discusión examina el efecto de las distribuciones globales en el cálculo de la distancia, pero la distribución de los datos varía en función de la localidad. Este tipo de cambio existe en dos variaciones. Por ejemplo, la densidad de datos puede cambiar dependiendo de la forma o ubicación de los grupos de datos.

### Relación vecina compartida más cercana

Esta situación involucra al vecino k más cercano de cada punto de datos calculado antes de la fase de procesamiento. Este tipo de similitud no es diferente de la suma total de puntos cercanos a los puntos de datos. De hecho, es más sensible, ya que se basa en la suma de vecinos compartidos y en las distancias absolutas. En las áreas altamente pobladas, la distancia del vecino más cercano a k es pequeña, mientras que los puntos de datos están cerca para aumentar la suma total de vecinos. El vecino más cercano compartido puede usarse para definir la similitud del gráfico sujeto a los puntos de datos.

## Métodos genéricos

En este tipo de cálculo, lo más importante es compartir el espacio en diferentes regiones locales. Posteriormente podemos modificar la distancia en cada región con la ayuda de algunas estadísticas. En resumen, el concepto principal es el siguiente:

1. Separar datos en distintas partes locales.
2. Buscar la mayor parte de la región en cada dato particionado y calcular las distancias de la región.
3. Finalmente, dividir conjuntos separados de regiones locales.

Se han utilizado diversos enfoques de agrupación en clústeres para subdividir los datos en partes separadas. En las instancias en las que cada par de objetos proviene de un punto único, recurrimos a usar la distribución general o calcular el promedio. Otro problema que podría surgir en el primer paso implica la división del algoritmo. Este proceso generalmente crea una solución circular que necesita una solución iterativa.

## Consideraciones Computacionales

Cuando se trata del desarrollo de funciones de distancia, el enfoque principal está en la complejidad computacional. Esto se debe a que el cálculo de la distancia se basa en la subrutina, que depende de la aplicación actual. Si la subrutina no se ejecuta correctamente, la aplicación es limitada. Usar métodos como ISOMAP es más costoso y difícil de ejecutar para un conjunto de datos mayor. Sin embargo, la gran ventaja de estos métodos es que un solo cambio puede generar una representación que se pueda aplicar correctamente en los algoritmos de minería de datos.

Las funciones de distancia se usan regularmente, pero solo el preprocesamiento ocurre una vez. En resumen, es beneficioso utilizar el método intensivo de preprocesamiento si va a aumentar los cálculos. En la mayoría de las aplicaciones, los métodos complejos como el ISOMAP pueden parecer más costosos, aunque solo se utilice para un análisis único.

**Datos Categóricos**

Calculamos las funciones de distancia como funciones de diferencias de valor. Sin embargo, no existe ningún orden en los distintos valores de los datos categóricos. Entonces, ¿cómo podemos calcular la distancia? Una forma es convertir los datos en forma categórica a forma numérica mediante el uso de la técnica de binarización. Dado que existe espacio para que un vector binario sea escaso, puede optar por usar funciones de similitud de otros campos como el texto. Por ejemplo, si está tratando con datos en forma categórica, utilizará principalmente funciones de similitud en lugar de funciones de distancia porque puede crear una comparación de las funciones discretas.

**Datos Cuantitativos y Categóricos**

Es mucho más sencillo desarrollar un estilo generalizado para los datos mixtos al calcular los pesos de los componentes cuantitativos y los componentes numéricos. La tarea principal es la forma en que asignará los elementos de peso cuantitativo y categórico.

Por ejemplo, si tomamos dos registros de X e Y como el subconjunto de atributos numéricos y Xc, Yc es el subconjunto de los atributos categóricos, la similitud general se verá así:

$$Sim(X, Y) = \lambda \cdot NumSim(Xn, Yn) + (1 - \lambda) \cdot CatSim(Xc, Yc).$$

El parámetro $\lambda h$ generalmente define la relevancia de las propiedades numéricas y categóricas. Este valor de $\lambda$ no es tan simple, especialmente cuando no se cuenta con conocimiento del dominio.

Un valor normal para $\lambda v$ debe ser equivalente a la sección de las propiedades numéricas en los datos. Además de eso, la distancia de los datos numéricos se encuentra al calcular la distancia en lugar de las funciones de similitud.

Aun así, podemos cambiar los valores de distancia. Además, se requiere la normalización para que se cree una comparación entre los valores de similitud de los componentes. Un mejor enfoque es identificar las diferencias estándar entre los valores correspondientes de dos dominios.

**Medidas de Similitud de Texto**

Podemos asumir el texto como datos cuantitativos multidimensionales si lo revisamos exhaustivamente. La tasa de recurrencia de cada palabra es una propiedad cuantitativa, y podemos ver el léxico como un conjunto completo de atributos.

Además de eso, la estructura del texto podría ser escasa en la mayoría de los atributos que asumen valores 0. Además, la tasa de aparición de las palabras puede no ser negativa. Como puede ver, la estructura del texto es única y contiene una implicación relevante cuando se trata de la similitud de cálculo y los algoritmos de minería de datos.

**Datos binarios y conjuntos**

Cuando consideramos un dato multidimensional que es binario, lo representamos como un dato basado en conjuntos. Esto implica que un valor de 1 significa que hay un componente en el conjunto. Este tipo de datos es común en el dominio de la cesta de compra donde cada transacción tiene información para determinar si un objeto está presente en la transacción. Podemos asumir esto como un caso especial de datos de texto donde la frecuencia de palabra podría ser 0 o 1.

## Medidas de Similitud Temporal

Contiene una característica única que mostrará el tiempo y otras características de comportamiento relacionadas. Los datos temporales pueden mostrar una serie temporal sin escalas basada en el dominio presente. La secuencia discreta se puede considerar como una versión discreta de la serie temporal continua. Es importante que uno muestre que los datos de secuencia discreta no son a corto plazo, ya que el atributo contextual representa la ubicación. Esta es una situación común en la secuencia de datos biológicos. La secuencia discreta también se conoce como cadena. Además, muchas de las medidas de similitud aplicadas en la serie de tiempo, así como la secuencia discreta, pueden usarse nuevamente en otros dominios.

# Capítulo 5: Minería de Patrones de Asociación

Un procedimiento básico de la minería de patrones de asociación se basa en el caso de los datos de un supermercado que consiste en un conjunto de artículos comprados por los clientes. Esto se conoce como transacción. El objetivo es crear una asociación entre los artículos comprados por los clientes.

Uno de los modelos más comunes para la asociación es la minería de patrones, que tiene una frecuencia de conjuntos para cuantificar el tipo de asociación. Los elementos descubiertos representan los patrones frecuentes o conjuntos de elementos grandes. Este campo de minería de datos contiene diferentes áreas de aplicación, como se muestra a continuación:

### 1. Datos de supermercado

Este fue el punto de inspiración inicial para la creación de minería de patrones de asociación. Además, es la razón por la que nos referimos al término conjunto de elementos como el patrón recurrente basado en el contexto de los artículos comprados por un cliente de un supermercado. La determinación de los artículos que se compran con frecuencia crea una idea en la forma en que se pueden organizar los artículos en el estante.

## 2. Minería de texto

Los datos de texto aparecen como una bolsa de palabras. Por lo tanto, la existencia de un patrón de extracción frecuente puede ayudar a seleccionar palabras clave y términos que ocurren con frecuencia. Los términos repetidos tienen mucha aplicación en el dominio de minería de texto.

## 3. Tipos de datos de dependencia

El concepto de patrón de extracción inicial se ha interpretado en muchos tipos de datos de dependencia, como datos secuenciales, espaciales y de series de tiempo. Estos modelos son adecuados para aplicaciones que utilizan análisis de weblog, detección de eventos y detección de errores de software.

## 4. Otros desafíos de la minería de datos

La minería de datos regular se puede aplicar en la subrutina para crear soluciones eficientes para la mayoría de los desafíos de la minería de datos.

Debido a que se sugirieron desafíos frecuentes en la minería de patrones en función de los datos de la canasta de mercado, se aplica una cantidad considerable de tecnología para describir los datos y el producto tomado de la idea del supermercado. Podemos definir un patrón regular como la frecuencia de un subconjunto de todos los conjuntos posibles.

Los conjuntos de elementos frecuentes se pueden aplicar en la generación de reglas para asociación en esta forma X => Y donde X e Y pertenecen a un conjunto de elementos. El ejemplo más común de una regla de asociación que es común en estos días es el {Cerveza} ⇒ {Pañales}. En esta regla particular, se considera que, si un cliente compra cerveza, existe una mayor probabilidad de que también se compren pañales. En otras palabras, tenemos una dirección específica a la implicación, que se crea como una condición de probabilidad.

Las reglas de asociación son comunes en diferentes mercados objetivo. Por ejemplo, el dueño del supermercado puede colocar yogurt en los estantes que están cerca de la leche y los huevos. Del mismo modo, el propietario del supermercado podría decidir promocionar el yogur entre los clientes que compran regularmente leche y huevos. El modelo de frecuencia aplicado en la minería de patrones de asociación es muy común en muchos supermercados.

Sin embargo, la frecuencia del patrón en bruto no está cerca de las correlaciones estadísticas. Por lo tanto, tenemos muchos modelos creados para la minería de patrones frecuentes. Comencemos observando el modelo frecuente de minería de patrones.

**Modelo frecuente de minería de patrones**

La principal debilidad de la técnica de minería anterior se encuentra en el conjunto de datos no ordenados. En esta técnica, representamos un conjunto de transacciones como T1 ... Tn. Todas las transacciones suceden en una base de datos. Cada transacción individual se extrae de una lista universal de elementos representados como U. Podemos expresar este conjunto universal como un registro multidimensional que contiene un registro de atributos.

Cada uno de los registros binarios tiene propiedades para representar un elemento en particular. El valor de un registro específico, en este caso, es 1 si el artículo existe en la transacción y 0 si no existe.

En la práctica, U contiene una lista extensa de artículos en comparación con los artículos normales en la transacción T1. Un ejemplo es el caso de una base de datos de supermercados, que tiene más de mil productos, en una sola transacción; contendrá menos de 50 productos. Esta característica está asociada con el patrón de algoritmo de minería frecuente.

Un conjunto de elementos representa una lista de elementos. Si elegimos un conjunto de elementos k para representar k productos, esto significará que un conjunto de elementos k tiene una colección de elementos de k cardinales. Parte de las transacciones en T1 ... Tn representa un subconjunto que crea una cuantificación de la frecuencia.

## El esquema de producción de la regla de asociación

Los conjuntos de elementos frecuentes pueden crear más reglas de asociación mediante la aplicación de confianza. La confianza se refiere a una medida en el marco de la asociación. Por ejemplo, el nivel de confianza de una regla dada, como A => B, se refiere a la probabilidad de que una transacción pueda tener una colección de artículos B.

## Algoritmos de minería para un conjunto de elementos frecuente

En esta parte, analizaremos diferentes algoritmos utilizados en la generación frecuente de conjuntos de elementos. Como existen muchos algoritmos de conjuntos de elementos frecuentes diferentes, este capítulo se concentrará en algunos algoritmos comunes.

## El algoritmo de fuerza bruta

Considere una colección global de elementos de U. Contiene 2 | U | - 1 subconjuntos únicos. Por lo tanto, existe la posibilidad de crear todos los miembros de los conjuntos de elementos y comparar su compatibilidad con una base de datos de T. La técnica de fuerza bruta se puede mejorar mediante la observación de que el número de patrones (k + 1) es común con el número de k-patrones. Por lo tanto, es posible contar y enumerar patrones de soporte que tienen un elemento, dos elementos, etc.

En el caso de una transacción dispersa, el valor de L es menor que | U |. En este estado, es correcto que termine. Si queremos aumentar la eficiencia del algoritmo de minería de patrones, podemos usar las siguientes técnicas:

> 1. Limitar el tamaño del espacio de búsqueda a través de la reducción de candidatos en un conjunto de elementos.

2. Contar el soporte de cada candidato reduciendo transacciones innecesarias.

3. Aplicar una estructura de datos compacta para representar a los candidatos.

## El Algoritmo de Apriori

Tiene una propiedad descendente que ayuda a eliminar los candidatos encontrados en un espacio de búsqueda determinado. Esta propiedad crea una estructura abierta que depende de la colección de elementos de patrones regulares. De hecho, los datos que son inconsistentes con el conjunto de elementos tienen que construir un superconjunto de la manera más efectiva.

En otras palabras, si tenemos un conjunto de elementos poco frecuente, no es necesario medir el apoyo de los candidatos superconjuntos. Esto es útil si desea reducir el conteo innecesario. El algoritmo de Apriori crea candidatos que tienen una longitud k pequeña y luego cuentan el soporte antes de generar candidatos de longitud k + 1.

La frecuencia final del conjunto de elementos k produce una lista de k + 1 candidatos a través del cierre de la propiedad descendiente. La producción de candidatos, así como el apoyo creado en el conteo, existe en Apriori. Dado que contar con un candidato es la parte principal que se ocupa del proceso de generación, se recomienda reducir el número de candidatos.

Para describir el algoritmo fácilmente, asumimos que los elementos en la lista universal contienen una secuencia lexicográfica. Esto significa que cada conjunto de elementos {a, b, c, d} puede tener una cadena de elementos abcd. Puede aplicar esto para crear un orden dentro de los conjuntos de elementos que tienen un orden similar que corresponde a las cadenas y puede estar presente en el diccionario.

Este algoritmo comenzará a contar el soporte de elementos individuales para producir una frecuencia de 1-conjunto de elementos. Este conjunto de elementos está integrado para producir dos conjuntos de elementos cuyo soporte ya se ha contado.

En general, los conjuntos de elementos frecuentes de longitud K se utilizan para crear candidatos de longitud (K + 1) para aumentar los valores de k. En general, un conjunto de elementos frecuente que tiene una longitud de k se aplica en la construcción de un candidato de k + 1 de longitud para aumentar los valores almacenados en K.

Nos referimos a los algoritmos que contienen una serie de candidatos de soporte como un tipo de algoritmos a nivel. Podemos permitir que Fk sea un conjunto que contenga k conjuntos de elementos frecuentes, y Ck que represente a un conjunto de candidatos que tengan k-conjunto de ítems. La idea básica del concepto básico es generar candidatos de k + 1 repetidamente a partir de una colección de k-conjunto de ítems.

La tasa de ocurrencia de los candidatos k + 1 depende de las transacciones de la base de datos. Si generamos k + 1 candidatos, requerimos que el espacio de búsqueda se reduzca al determinar si (k + 1) los candidatos están presentes en Fk.

**Conteo de apoyo efectivo**

Para crear el conteo de soporte correcto, Apriori debe analizar los candidatos en el conjunto de elementos de la transacción exactamente. Esto se realiza cuando usamos un árbol hash en la estructura de datos. El árbol hash organiza cuidadosamente los patrones candidatos en un orden Ck + 1 para permitir la eficiencia durante el conteo.

Un árbol hash es aquel que contiene un número específico de nodos internos. Los nodos internos tienen una relación aleatoria con la función hash, que ayudará a mapear el índice de los diferentes hijos que existen en el nodo del árbol. Cada nodo de hoja del árbol tiene una lista de elementos filtrados. Todos los nodos interiores tienen una tabla hash. Para cada conjunto de elementos en el Ck + 1 tiene precisamente un nodo de una sola hoja del árbol hash. La función hash debe contener los nodos interiores para ayudar a determinar si un conjunto candidato de elementos tiene un nodo hoja.

También podemos asumir que los nodos interiores tienen la misma función, lo que resulta en [0. . . h − 1]. El valor h es una rama del árbol hash. Cada miembro del conjunto de elementos Ck + 1 se traduce en un nodo de hoja de árbol.

Consideremos que el punto inicial del árbol hash está en el nivel 1, y los niveles subsiguientes aumentan en 1. Luego, suponga que la organización de los elementos en las transacciones está en el orden lexicográfico.

El árbol debe diseñarse de forma recursiva de arriba a abajo, y la cuenta mínima del nodo de hoja se mantiene por el número de candidatos existentes en el nodo de hoja. Además, el conjunto de elementos contenido en el nodo de hoja se clasifica de una manera específica.

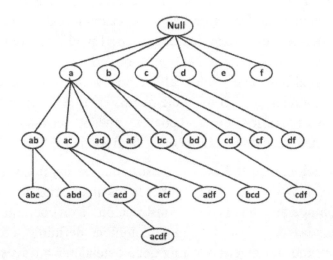

## Los algoritmos del árbol de enumeración

Estos tipos de algoritmo dependen del concepto de enumeración. En esta situación, varios miembros de los conjuntos de elementos se construyen como un árbol. Esta estructura con forma de árbol se llama árbol lexicográfico. Los patrones candidatos se producen extendiendo el árbol lexicográfico. Existen diversas formas en las que puede expandir el árbol para obtener diferentes estados entre la eficiencia computacional, el costo de acceso al disco y el almacenamiento.

Una de las principales características del árbol de enumeración es producir una representación teórica de los conjuntos de elementos. Este tipo de representación debe depender del patrón constante de los algoritmos para asegurar una minería consistente de los patrones de los miembros. Además, garantiza que el patrón de minería no se produzca de manera repetitiva. El resultado de estas estructuras es el árbol de enumeración. Definimos el árbol basado en los siguientes conjuntos de elementos:

> 1. Un nodo existente en el árbol similar al conjunto de elementos constante. La base del árbol se parece a un conjunto de elementos nulo.
> 2. I = {i1 ... ... ik} representa un conjunto de elementos frecuente, en este caso, i1, i2 ... ik se definen en orden lexicográfico. En el conjunto de elementos {i1.... ik-1} el nodo principal es I. Esto significa que solo el nodo secundario puede extenderse con elementos que aparecen lexicográficamente. Todavía puede considerar el árbol de enumeración como un árbol de prefijo.

Este tipo de relación ancestral crea una estructura en los nodos que se encuentran en el nodo nulo. La mayoría de los algoritmos de árbol de enumeración operan a través de la construcción de un conjunto de elementos estándar de árbol de enumeración ya definidos en la estrategia. En primer lugar, el nodo raíz debe extenderse a través de la búsqueda de los 1-elementos. Entonces los mismos nodos se unen para formar candidatos. Luego, los candidatos se analizan en la base de datos de transacciones para averiguar los más frecuentes. El árbol de enumeración crea un marco que crea una estructura y orden en el descubrimiento frecuente de conjuntos de elementos; esto se crea para potenciar la reducción, así como el proceso de conteo.

# Capítulo 6: Análisis de Agrupamiento

En diversas aplicaciones, los datos deben dividirse en partes limitadas. La división de los puntos de datos masivos en partes más reducidas simplifica si una persona desea resumir los datos y obtener significados utilizando aplicaciones de minería de datos. Un ejemplo de una definición informal pero elaborada de agrupamiento incluye:

*"Con un conjunto de puntos de datos, divídalos en grupos que posean puntos de datos similares".*

Esta es una forma intuitiva de definir la agrupación en clúster, ya que no describe ni explica en detalle las diversas formas en que podemos crearlos. Algunas de estas aplicaciones incluyen:

### 1. Resumen de datos

En un dominio amplio, podemos considerar el problema de la agrupación en clústeres como una forma de resumir los datos. Sin embargo, la extracción de datos implica recuperar información específica. Generalmente, el primer proceso aplicado en el algoritmo de extracción de datos es la agrupación en clústeres. Por lo tanto, muchas aplicaciones tienen la propiedad de resumen del análisis de agrupación.

## 2. Segmentación de clientes

Es importante conocer las características comunes de un grupo de clientes. Esto se realiza diferenciando a los clientes. La aplicación más común de la división de clientes se encuentra en el filtrado de colaboración. Aquí encontramos una preferencia común para un grupo de clientes.

## 3. Análisis de redes sociales

Los nodos delimitados por un enlace tienen grupos similares de comunidades y amigos. Por ejemplo, la agrupación en clústeres se usa antes del paso de procesamiento en la mayoría de los escenarios de detección de clasificación y valores atípicos. Se pueden usar modelos de diferentes formas en diferentes tipos de datos y situaciones.

El problema con una gran cantidad de algoritmos de agrupación es que las múltiples propiedades son caóticas. Por lo tanto, estas características deben eliminarse para que no formen parte del agrupamiento. Este problema se conoce como selección de características.

## Selección de características

El concepto principal involucrado en la selección de características tiene que ver con la eliminación de atributos de ruido. La selección de funciones es difícil de realizar con problemas no supervisados, como la agrupación en clústeres. Otro problema relacionado con la selección de características tiene que ver con la identificación de un comportamiento intrínseco que existe en un conjunto de propiedades. El método de selección de características determina un subconjunto de características mediante la utilización de las ventajas de la agrupación en clústeres. Encontrará dos modelos que se utilizan en la selección de atributos.

# 1. Modelos de filtros

En este modelo, cada puntaje se limita a una característica dada que existe en los factores de similitud. En este caso, los puntos de datos con una puntuación falsa se excluyen de la lista. Este modelo puede mostrar el estado de un subconjunto como una combinación de una sola propiedad. Estos son modelos importantes debido al efecto incremental de agregar características adicionales a otros.

## 2. Modelos de envoltura

Con los modelos de envoltura, tenemos un algoritmo de agrupamiento que determina la calidad de las características en un subconjunto. Después de esto, cada subconjunto se optimiza en el agrupamiento. Es un enfoque normal en el que diversas características se basan en los agrupamientos. En un momento dado, las características seleccionadas dependerán de una metodología determinada aplicada en el agrupamiento. Si bien esto puede parecer un gran problema, la cuestión es que diferentes métodos de agrupación en clústeres pueden funcionar con un conjunto único de propiedades. Por lo tanto, la metodología permite utilizar las propiedades resaltadas en un enfoque de agrupamiento dado.

En los modelos de filtro, existe un criterio particular que se aplica cuando se trata de evaluar el efecto de características específicas o un subconjunto de características. A continuación, se muestra una breve introducción de los criterios más comunes.

## 1. Término de Fuerza

Este término se aplica en los dominios dispersos donde existen datos de texto. Es vital identificar tanto la presencia como la ausencia de valores de atributo cero y distintos de cero en lugar de la distancia. Además, es correcto aplicar funciones de similitud en lugar de funciones de distancia. Este método permite muestrear pares de documentos y aplicar un orden aleatorio entre cada par.

## 2. Dependencia del atributo predictivo

La motivación interna para esta medida en particular es la característica correlacionada, que conducirá a características sorprendentes. Si un atributo es importante, los atributos restantes se pueden aplicar en la predicción del valor del atributo. Podemos usar un algoritmo de clasificación para determinar la propiedad de predicción. En caso de que tengamos un atributo numérico, usamos un algoritmo de regresión para modelar. O bien, aplicamos un algoritmo para clasificar los atributos. La técnica básica utilizada para validar un atributo se ilustra a continuación:

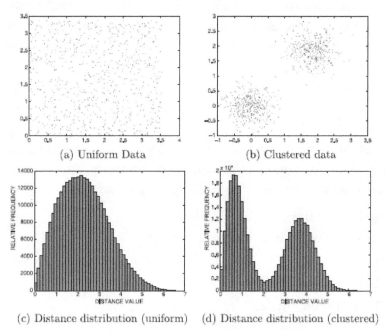

(a) Uniform Data          (b) Clustered data

(c) Distance distribution (uniform)     (d) Distance distribution (clustered)

1. El uso de un algoritmo para clasificar todos los atributos, excepto i es para pronosticar el valor del atributo.
2. Reportar la exactitud de la clasificación en forma de un atributo de relevancia i.

Puede aplicar cualquier algoritmo de clasificación válido, aunque un clasificador de vecinos más cercano sea una mejor opción debido a las conexiones naturales con la agrupación y el cálculo de similitud.

## Entropía

El punto principal sobre este método se refiere a los datos altamente agrupados que representan algunas características de agrupación en las distribuciones de distancia. Para ilustrar este punto, podemos referirnos a los diagramas anteriores a y b. En el primer diagrama, mostramos datos distribuidos uniformemente, mientras que en el segundo diagrama representamos datos que tienen dos grupos.

La forma en que se dispersa una distancia de punto a punto se ha mostrado en los dos diagramas anteriores. La forma en que se extiende la distancia en los datos uniformes es en una curva parecida a una campana.

Por otro lado, los datos agrupados contienen dos puntos únicos relacionados con las distribuciones intracluster. Estos picos continuarán aumentando cuando aumente el número de grupos. El punto principal de medir la entropía es validar la forma de la distancia de distribución en un subgrupo de características dado. Por lo tanto, estos algoritmos requieren una forma transparente de buscar una combinación dada. Además de validar la entropía dependiente de la distancia, el estilo natural para cuantificar la entropía es a través de la aplicación de la distribución de probabilidad en los puntos de datos.

La presencia de una distribución uniforme con un comportamiento de agrupamiento deficiente resulta en una mayor entropía, mientras que los datos agrupados tienen una menor entropía. En resumen, usamos la entropía para determinar la retroalimentación de la calidad de agrupamiento del subconjunto.

## Estadística de Hopkins

La estadística de Hopkins se aplica para identificar el comportamiento del clúster en un conjunto de datos, aunque podemos usarlo para determinar un subconjunto específico de atributos. Luego utilizamos un algoritmo de búsqueda como el método codicioso para integrar las funciones.

Suponga que D es el conjunto de datos con el que se evaluará la tendencia de agrupación. Generamos un modelo S o r puntos de datos sintéticos en el espacio de datos al azar. De manera similar, un modelo R que tiene puntos de datos indicados como r se define a partir de D. Puede tener a1 ... .ar denotar la distancia existente en las regiones de datos a sus miembros más cercanos de la base de datos original. Igualmente, dejamos β1. . . sr denota distancias en varios puntos de datos de una muestra seleccionada S a sus vecinos más cercanos en D. Por lo tanto, definimos la estadística de Hopkins de la siguiente manera:

$$H = \frac{\sum_{i=1}^{r} \beta_i}{\sum_{i=1}^{r} (\alpha_i + \beta_i)}.$$

El rango para la estadística de Hopkins es (0, 1). Un dato distribuido uniformemente contiene el valor de Hopkins de 0.5, ya que los valores $\alpha i$ y $\beta i$ son iguales. A la inversa, el valor $\alpha i$ será menor en comparación con el $Bi$ para los datos agrupados. Esto nos proporciona un valor cercano a 1. En otras palabras, un valor alto en la estadística H de Hopkins representa un punto de datos agrupados.

Algo a lo que se debe prestar atención es que la técnica utiliza un muestreo aleatorio, lo que significa que la medida puede cambiar a medida que avanzamos a través de diferentes muestras aleatorias.

Si lo desea, puede permitir que el muestreo aleatorio se repita varias veces. Se aplica una prueba estadística de confianza para determinar el nivel de confianza cuando el valor estadístico de Hopkins es superior a 0,5.

Cuando consideramos la selección de características, podemos aplicar el valor promedio de la estadística en diferentes muestras. Esta estadística se utiliza para determinar la calidad de un subconjunto de atributos para ayudar a establecer la tendencia de agrupamiento en clústeres de un subconjunto determinado.

**Modelos de envoltura**

En este modelo, existe un criterio de validación de clúster interno integrado con el algoritmo de agrupamiento que se utilizará en el subconjunto correcto. El aspecto de la validación del clúster se utiliza para determinar la eficiencia de un agrupamiento.

La idea principal es seleccionar un algoritmo en la rama de agrupación en clúster que posea un subconjunto de propiedades para explorar y definir la combinación máxima de características. Podemos aplicar el algoritmo codicioso en el espacio de búsqueda de subconjuntos que tienen propiedades que podrían llevar a la optimización del aspecto de cuantificación de agrupaciones.

Otra técnica a aplicar es seleccionando las características individuales de un criterio de selección dado de una lista de algoritmos utilizados para realizar la clasificación. En este caso, tenemos el conjunto de propiedades examinadas individualmente en lugar de una colección del subconjunto. La técnica en agrupación configura una colección de etiquetas L que tienen un número igual de identificadores de puntos de datos.

**Algoritmos Representativos**

Son uno de los algoritmos más simples que dependen de la distancia para organizar los puntos de datos. Este tipo de algoritmos ayuda a construir agrupaciones instantáneamente, y las relaciones jerárquicas no están presentes en clústeres de diferente tamaño. Normalmente, esto se logra a través de la creación de una colección de representantes para ser usados en la partición. Los representantes de la partición pueden aplicarse como una función o seleccionarse de un conjunto de puntos de datos en la agrupación.

El enfoque central de los métodos anteriores es ayudar a detectar representantes de datos. Cuando creamos representantes, usamos una función de distancia para crear puntos de datos en sus representantes más cercanos. En general, el número de agrupaciones representadas por k está definido por el usuario.

Tomemos por ejemplo una muestra de puntos de datos representados por X1. . .Xn en el espacio dimensional. El propósito es encontrar representaciones de k Y1. . . Yk que puede reducir la función objetivo O:

$$O = \sum_{i=1}^{n} \left[ \min_j Dist(\overline{X_i}, \overline{Y_j}) \right].$$

La suma total de puntos únicos de distancia a sus representantes más cercanos debe reducirse. No olvide que la asignación de los puntos de datos se basa en la Y1 elegida. . . Yk. Existen diferentes tipos de algoritmos representativos. Un ejemplo son los algoritmos k-medoid. Este algoritmo asume que Y1. . . Yk se extraen de la base de datos inicial D.

**El algoritmo k-medias**

Cuando se trata del algoritmo de K-medias, la suma del representante más cercano se usa para validar la función objetivo del grupo. Se expresa con las siguientes fórmulas:

$$Dist(\overline{X_i}, \overline{Y_j}) = \|\overline{X_i} - \overline{Y_j}\|_2^2.$$

En este caso, el $\|$ thisp denota la norma lp. La expresión Dist (Xi, Yj) es la estimación de un punto de datos utilizando su representante más cercano. En otras palabras, el propósito general es reducir los errores cuadrados totales en un punto de datos determinado. Esto también se denomina SSE. En este caso, se puede denotar como el representante máximo para cada paso de optimización existente en los puntos de datos de la agrupación. Por lo tanto, la varianza entre el pseudocódigo genérico y el pseudocódigo K-media es la función de distancia.

Un cambio fascinante del algoritmo k-media es la aplicación de la distancia local de Mahalanobis. La aplicación de la distancia de Mahalanobis es importante cuando tenemos los grupos expandidos hacia direcciones específicas. El factor principal que genera $\Sigma - 1$ crea un punto de normalización que es esencial para la recopilación de datos de varias densidades. Esto creará el algoritmo k-media de Mahalanobis.

## El Algoritmo Núcleo K-Media

Podemos expandir este algoritmo para encontrar grupos que tengan una forma aleatoria y usar el truco del núcleo. Lo más importante es actualizar los datos que generarán formas de grupos aleatorios para cerrar los grupos euclidianos existentes en el nuevo espacio.

La desventaja que viene con este algoritmo es que requiere uno para calcular la matriz del núcleo.

## El Algoritmo K-Medias

Este algoritmo aplica la distancia de Manhattan en la función objetivo. Esto significa que la función de distancia Dist (Xi, Yj) está definida. En este caso, es posible escribirlo como un representante óptimo de Yj, donde la mediana de los puntos de datos en cada dimensión es el grupo Cj. Una razón para esto es que la menor suma de las distancias L1 se define en puntos distribuidos en una línea del conjunto mediano. Esto muestra que la mediana optimiza la suma de las distancias L1 a la recopilación del conjunto de datos. Cuando tenemos los puntos medianos seleccionados independientemente a lo largo de cada dimensión, toda la representación de los datos iniciales se establece en D. La técnica de k-medianas a veces se mezcla con los k-medoides que identifican elementos de la base de datos de D inicial.

## Algoritmos de Agrupamiento Jerárquico

Este algoritmo agrupa los datos con las distancias. Sin embargo, el uso de funciones de distancia es opcional. Muchos de estos algoritmos utilizan técnicas de agrupación en clústeres como un método basado en gráficos. Puede preguntarse por qué estos algoritmos son tan críticos; la respuesta es que los diferentes niveles de agrupamiento proporcionan diversas ideas de aplicación.

Esto crea una organización de clúster que puede ser identificada a través de ideas semánticas. El mejor ejemplo para ilustrar esto es la organización de páginas web.

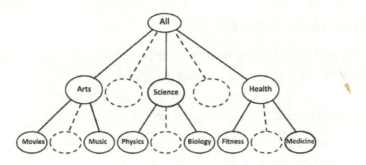

En el ejemplo anterior, las agrupaciones se han creado manualmente. Este diagrama puede ayudarle a comprender el concepto de granularidad múltiple. Solo una parte de la organización jerárquica se indica en el diagrama. En la parte superior tenemos páginas web divididas en varios temas. El siguiente nivel contiene los subtemas de los temas. Tener este tipo de estructura facilita la navegación del usuario. En otros lugares, este tipo de organización se produce a través de la indexación de algoritmos. Además de eso, estos métodos ayudan a crear mejores agrupaciones.

Los algoritmos jerárquicos existen de dos maneras según la estructura del árbol.

### 1. Métodos de abajo hacia arriba

En este método, los puntos de datos específicos se combinan posteriormente para crear agrupaciones de nivel superior.

### 2. Métodos de arriba hacia abajo

Este método divide los elementos de datos para que asimilen una estructura de árbol. Puede utilizar un algoritmo de agrupamiento plano para la partición. Este enfoque conduce a una flexibilidad masiva en cuanto a la selección de la compensación entre el punto de estabilidad en el número de puntos de datos y la estructura del árbol. Por ejemplo, si consideramos la estrategia de crecimiento en un árbol que crea una estructura de árbol fuerte y estable en todos los nodos, producirá nodos de hoja que contienen números diferentes en cada punto de datos.

## Modelo de algoritmos probabilísticos

La mayoría de los algoritmos que hemos analizado hasta ahora son difíciles de agrupar. Un algoritmo complicado de agrupación es aquel en el que cada segmento de datos se asigna a una agrupación. Estos algoritmos son diferentes de los algoritmos duros; en este tipo de algoritmos, es posible que cada punto de datos contenga una probabilidad de asignación distinta de cero para todos los grupos. Una solución simple para lidiar con la agrupación en clústeres se puede convertir en una solución compleja cuando asignamos un punto de datos a una agrupación en particular.

La idea extensa de un modelo generativo asume que los datos se han creado desde el punto de distribución k utilizando una distribución de probabilidad G1 ... Gk. Cada una de las distribuciones G1 representa un grupo de un componente variable.

## Asociación de EM a k-medias

El algoritmo EM posee un marco elástico diferente para soportar el tipo probabilístico de agrupamiento. Si podemos considerar una instancia de las probabilidades de Apriori pi asignadas a 1 / k perteneciente a la configuración del modelo, y cada elemento de la mezcla tiene un radio igual en todas las direcciones, así como el promedio del grupo jth se toma como Yj. Por lo tanto, el tipo de parámetros para que uno aprenda es σ e Y1... Yk

## Consideraciones Prácticas

Lo más importante cuando se trata de modelar una mezcla es la flexibilidad requerida de los componentes integrados. Por ejemplo, una vez que se define cada componente de la mezcla, se vuelve simple realizar agrupaciones de formas aleatorias y orientativas. Por otro lado, esto requiere una gran cantidad de parámetros. Si el tamaño de los datos es reducido, esta técnica no funcionará perfectamente como resultado de un ajuste excesivo. El ajuste excesivo se produce cuando los parámetros en una muestra menor no se reflejan en el patrón correcto debido a las instancias de ruido en los datos.

En un lado extremo, puede elegir el modelo Gaussiano. En este caso, cada componente de la mezcla posee un radio idéntico. El modelo EM funciona incluso si está en un conjunto de datos reducido. Además, la razón de esto es que el algoritmo aprende solo un único parámetro. Sin embargo, si las agrupaciones contienen una forma única, esto puede crear una agrupación deficiente, independientemente de si el conjunto de datos es grande o no.

La regla común es personalizar la complejidad del modelo y corregir el tamaño de los datos.

Un gran conjunto de datos posee un modelo complejo. En algunos casos, el analista puede estar al tanto del conocimiento del dominio relacionado con la forma en que los puntos de datos se distribuyen en los grupos. En este caso, la opción correcta es encontrar una mezcla de componentes en función del conocimiento respectivo.

# Capítulo 7: Análisis de Valores Atípicos

En la minería de datos, un valor atípico se refiere a un punto de datos que es único del resto de los datos. Puede visualizar un valor atípico como un aspecto adicional de la idea de agrupamiento. Aunque cuando tratamos con la agrupación en clúster, intentamos buscar grupos de datos que sean iguales, los valores atípicos se refieren a puntos de datos específicos que son impares del resto. Podemos considerarlos como anormales, desviados o discordantes en la minería de datos. Los valores atípicos se utilizan en muchas áreas en la minería de datos. De hecho, la presencia de valores atípicos demuestra que un conjunto de datos tiene ruido. Este ruido puede aparecer debido a los errores cometidos en el proceso de recopilación de datos. Así que tener métodos para detectar valores atípicos ayuda a eliminar el ruido.

Al trabajar en un conjunto de datos particularmente extenso, seguramente encontrará algunos valores atípicos. Esto no significa necesariamente que haya datos por los que debería preocuparse. Cuanto mayor sea el conjunto de datos, más probable es que existan valores atípicos simplemente porque la cantidad de información es extensa. Sin embargo, es importante que revise los valores atípicos, sin importar qué tan extenso sea su conjunto de datos. A veces, el valor atípico no significará nada, pero otras veces puede significar cierta información importante que necesita verificar. En todos los casos, revisar los valores atípicos puede ayudarle a detectar asuntos distintos, en ocasiones transacciones fraudulentas y más.

## 1. Fraude de tarjetas de crédito

La presencia de un patrón anormal en una tarjeta de crédito puede sugerir una actividad fraudulenta. Se considera que este tipo de patrón es un valor atípico porque no es similar a otros patrones existentes. Una compañía de tarjetas de crédito podría detectar si existe algún fraude con tarjetas de crédito. Buscarían en los registros para detectar si un cliente haría la compra o no.

Por ejemplo, si el cliente vivía en Kansas y hacía todas sus compras en ese estado, podría parecer extraño si de pronto hiciera una compra en México. Esto sería aún más sospechoso si el cliente hiciera una compra en Kansas a las 9:00 de la mañana y luego a las 9:30, hubiera una compra en México. Las compañías de tarjetas de crédito tienen una variedad de herramientas que pueden usar para determinar si el cliente ha realizado una compra específica o no en función de su historial previo de compras.

## 2. Detección de una intrusión en la red

El tráfico en muchas redes se visualiza como una serie de registros relacionados. En el tráfico de red, se dice que los valores atípicos son registros impares en una secuencia de cambios que son únicos.

La mayoría de las técnicas de reconocimiento atípicas crean un prototipo de patrones regulares. Estos modelos consisten en agrupación basada en la distancia, validación y reducción de la dimensionalidad. Los valores atípicos se definen como puntos de datos que no encajan en el modelo normal. La medida de un valor atípico en un punto de datos se define a través de una puntuación de valor numérico. De la misma manera, muchos algoritmos de detección de valores atípicos crean una salida de dos tipos.

### 3. Fuente de valor atípico valorada

Este tipo de puntaje valida el comportamiento del punto de datos considerado como un valor atípico. Es probable que los valores de puntuación más altos en el punto de datos sean un valor atípico. Algunos algoritmos pueden mostrar el valor de probabilidad que valida las posibilidades de un punto de datos específico en un valor atípico.

### 4. Etiqueta binaria

Esto determina si una región específica de datos es externa. El resultado tiene pocos datos en comparación con otro, siempre que podamos mapear un umbral en la puntuación de valor atípico para cambiarlo a una etiqueta binaria. Sin embargo, no es posible que ocurra lo contrario. Esto significa que las puntuaciones únicas son normales en comparación con las etiquetas binarias. Además de esto, es esencial que una puntuación binaria esté presente al final del resultado en muchas aplicaciones.

La creación de un externo o un valor atípico requiere el desarrollo de un modelo de patrones normales. La mayoría de las veces, se puede crear un modelo para mostrar un tipo único de valores atípicos según el modelo restrictivo de patrones. Estos valores atípicos tienen valores extremos, lo que es importante para un tipo dado de aplicación.

A continuación, se presentan los modelos clave para el análisis de valores atípicos.

### 1. Valores extremos

Se considera que un valor de datos es extremo si existe en ambos lados de la distribución en una probabilidad. Se puede decir que los valores extremos son equivalentes a los datos multidimensionales que utilizan la distribución de probabilidad multivariada. Son formas distintas de valores atípicos esenciales en el análisis básico de un valor atípico.

## 2. Agrupación de modelos

Este es otro problema más en el análisis atípico. Los métodos anteriores buscan puntos de datos que se producen como una colección mientras que este método busca puntos de datos aislados. De hecho, muchos de los modelos de agrupación identifican valores atípicos a través de un efecto adicional del algoritmo. Todavía es posible maximizar los patrones de agrupamiento.

## 3. Modelos a distancia

Este modelo buscará el vecino k más cercano en el conjunto de datos para ayudar a identificar un valor atípico. Generalmente, un valor de datos se define como un valor atípico si ocurre que la distancia más cercana a k tiene un valor más alto en comparación con los valores de datos restantes.

## 4. Modelos de densidad

Este modelo definirá la densidad local de cada puntaje. El modelo de densidad a menudo está conectado al modelo de distancia porque la densidad local de una región es baja cuando la distancia más cercana al vecino es extensa.

## 5. Modelos probabilísticos

Los modelos probabilísticos han sido analizados en los capítulos anteriores. Ya que podemos considerar el análisis de valores atípicos como un problema de agrupamiento complementario, facilita la aplicación de un modelo probabilístico en el análisis de un valor atípico.

## Modelos teóricos de información

Cuando observamos estos modelos, podemos identificar una asociación intrigante con el resto de los modelos. El resto de los métodos corrigen la técnica de patrones normales y validan los valores atípicos en función de las diferencias existentes en el modelo. El modelo de información reducirá el intervalo de desviación en el modelo básico y seleccionará las diferencias en cada espacio. Si la diferencia es mayor, el punto es entonces un valor atípico.

## Métodos de reducción

Utilizamos los métodos de reducción cuando se devuelve el valor de r-ranking y la puntuación del valor atípico en los puntos de datos restantes es irrelevante. Por lo tanto, podemos aplicar métodos de reducción solo para una versión específica del algoritmo de decisión binaria. La idea típica cuando se trata de la reducción es eliminar el intervalo en el vecino k más cercano mediante la eliminación de los puntos de datos considerados valores atípicos.

## Métodos de muestreo

Es necesario elegir una muestra de un tamaño determinado de datos. A continuación, determinamos la distancia entre dos puntos de datos en la muestra seleccionada y la distancia en la base de datos. Este procedimiento requiere cálculos de distancia. Por lo tanto, para cada punto muestreado en S, conocemos la distancia del vecino k más cercano. Se calcula el primer valor atípico en la muestra, posteriormente podemos estimar los otros valores atípicos utilizando el primer valor.

## El truco de terminación temprana utilizando Circuitos Anidados

La mayoría de los enfoques que hemos visto en la sección anterior pueden mejorarse aún más mediante la mejora del siguiente proceso, que implica encontrar el vecino k más cercano en cada distancia del valor de los datos. Lo más importante a tener en cuenta es que para calcular la distancia del vecino k más cercano de cualquier punto de datos $X \in R$, debe ir seguido de una terminación una vez que X no se encuentre entre los valores atípicos superiores.

**Métodos basados en la densidad**

El método de densidad aplica el mismo principio que el método de agrupamiento de densidad. Lo más importante es crear varias regiones en los datos subyacentes para ayudar a crear esquemas.

**Técnicas del histograma y la red**

No es complicado crear un histograma para representar un conjunto determinado de datos. De hecho, se encontrará con el uso de histogramas en aplicaciones diferentes. Para representar los datos en el histograma, deben dibujarse intervalos, y después determinar la tasa de aparición de cada intervalo. Se dice que las regiones de datos con una frecuencia baja son valores atípicos. Si queremos un puntaje de valor atípico continuo, tenemos que anotar todos los puntos de datos.

Si usamos un ejemplo de datos multivariados, podemos generalizarlo usando una red. En la red, cada dimensión se divide en valores de igual anchura. Esto es similar al caso anterior, en el que asumimos el número de puntos en un punto dado como una puntuación atípica. Los puntos de datos contienen una densidad menor que T y se pueden definir utilizando un análisis de valor univariado.

El mayor problema con esta técnica es que no es sencillo determinar la anchura correcta del histograma. Los histogramas anchos o estrechos no pueden representar la distribución de frecuencia correctamente. Estos problemas no son diferentes a las estructuras de la cuadrícula en el agrupamiento. La presencia de contenedores estrechos significa que los puntos de datos normales caen en estos contenedores en los valores atípicos indicados. Alternativamente, los depósitos amplios crearán puntos de datos irregulares y regiones densas que se pueden combinar en un contenedor.

El siguiente desafío que viene con la técnica del histograma es que es de naturaleza local, y la mayoría de las veces no consideramos la naturaleza global de los datos. Una razón para esto es que la densidad de la red se basa en puntos de datos existentes. Los puntos independientes pueden construir una red artificial de celda si el tamaño de la representación aumenta. Además de eso, la distribución de la densidad cambia con la localidad de datos, los métodos basados en cuadrícula pueden tener algunas dificultades cuando se trata de la normalización de las variaciones locales en la densidad.

Por último, el método del histograma no funciona correctamente en la alta dimensionalidad debido a la naturaleza dispersa de la estructura de la red con el aumento de la dimensionalidad.

### Estimación de la Densidad del Núcleo

Este método es similar a las técnicas de histograma para crear perfiles de densidad. Sin embargo, la diferencia radica en que, en lugar de un modelo aproximado, obtenemos un modelo uniforme. El uso de este método crea una estimación continua del punto de densidad. El valor de densidad de cualquier región en particular se encuentra sumando el total de todos los valores suaves en una función del núcleo. Cada función del núcleo tiene un ancho que define los niveles de suavizado.

### Modelos teóricos de información

Los valores atípicos son datos impares no incluidos en la distribución de datos. Esto significa que, si comprimimos un conjunto de datos aplicando patrones "normales" en la distribución de datos, los valores atípicos cambiarán la longitud del código requerido para describirlo. Lo anterior puede observarse en las siguientes series:

ABABABABABABABABABABABABABABABAB
ABABACABABABABABABABABABABABABAB

La segunda serie tiene una longitud similar a la primera con una diferencia donde se encuentra el símbolo C. La primera serie también se conoce como "AB 17 veces". Sin embargo, esto no puede aplicarse a la segunda porque tiene el símbolo C. En otras palabras, la existencia de C en la serie aumenta la longitud de la descripción. De nuevo, puede notar que el símbolo de arriba es un valor atípico. Este principio es la base sobre la cual definimos los modelos teóricos de la información.

Los modelos teóricos de la información son similares a los modelos de desviación normal, con solo una distinción en la forma en que se determina el tamaño del modelo. Los modelos típicos definen los valores atípicos como un punto de datos que está alejado de las estimaciones de un modelo de resumen.

Podemos considerar los modelos de teoría de la información como un modelo adicional donde se revisan varios aspectos de la desviación del espacio.

**Validez atípica**

Al igual que en los modelos utilizados para agrupar datos, es esencial que descubra la validez de un valor atípico declarado por un algoritmo determinado. Aunque la agrupación y el análisis tienen un tipo complementario de relación, es complicado diseñar la validez de un valor atípico.

# Capítulo 8: Clasificación de Datos

El desafío de clasificación es similar al problema de agrupamiento visto anteriormente. Sin embargo, en el problema de clasificación, aprendemos la estructura de un conjunto de datos. Aprender las diferentes categorías se consigue utilizando un modelo. Este modelo ayuda a aproximar los identificadores de un grupo. Algunos de los ejemplos de entrada a un desafío de clasificación incluyen el conjunto de datos dividido en diferentes clases. Estos datos se denominan datos entrenados, y los identificadores de grupo son etiquetas de clase. De muchas maneras diferentes, las etiquetas de clase contienen un análisis semántico similar a la aplicación.

El modelo aprendido es el modelo de entrenamiento; los puntos de datos anteriores que no requieren una clasificación se denominan un conjunto de datos. El algoritmo que se encuentra en el desarrollo del modelo de capacitación para ayudar en la predicción se denomina aprendiz.

En resumen, la clasificación también se denomina aprendizaje supervisado. Una de las razones para esto es que un conjunto de datos tiene que adquirir la estructura de los grupos de la misma manera que un maestro debe revisar a sus alumnos para lograr una meta detallada. Aunque los grupos adquiridos por un modelo de clasificación pueden tener la misma configuración de las características variables, puede que no esté disponible en cada caso.

Cuando observamos la clasificación, los datos entrenados son críticos para ayudar a mapear los grupos definidos. La mayoría de los algoritmos utilizados en la clasificación tienen dos niveles:

## 1. La fase de entrenamiento

Esta fase busca el modelo de entrenamiento de una lista de algunas instancias de entrenamiento. Esto se ilustra utilizando un resumen del modelo matemático extraído del grupo de datos en el conjunto de capacitación.

## 2. La fase de prueba

En la siguiente fase, usamos el modelo entrenado para definir la etiqueta de clase de las instancias invisibles.

El desafío en la clasificación es mucho mayor que en la agrupación en clúster, donde solo registramos la agrupación definida por el usuario a partir de datos de muestra. La clasificación se utiliza para resolver muchos problemas. En cada problema, existe un grupo definido basado en la aplicación externa de un criterio dado. Algunos ejemplos incluyen:

## 1. Marketing orientado al cliente

Con esto, los grupos son los mismos que el interés de un usuario en un producto específico. Por ejemplo, un grupo específico puede tener una relación con los clientes que están interesados en un producto específico.

En la mayoría de las situaciones, el ejemplo de entrenamiento de la experiencia de compra anterior está disponible. Puede usar esto como un ejemplo de clientes que podrían estar interesados o no interesados en un producto específico. La propiedad variable podría ser similar al perfil demográfico de los clientes. La muestra de capacitación es importante para ayudar a determinar si un cliente tiene una personalidad demográfica clara.

Existen muchas empresas que desean trabajar con este marketing centrado en el cliente. El marketing en nuestro mundo actual es complicado y costoso. Las empresas no quieren gastar mucho dinero en hacer publicidad que no esté dirigida a las personas adecuadas o que no brinden valor a su público objetivo. El marketing centrado en el cliente les permitiría saber qué productos les interesan a sus clientes para que la tienda tenga más probabilidades de obtener la información que necesitan.

## 2. Control de enfermedades médicas

Recientemente, la aplicación de la minería de datos en la investigación médica ha aumentado de manera considerable. Es posible extraer las características de los registros médicos de un paciente, y la etiqueta de la clase puede estar asociada con el resultado del tratamiento. En este caso, es bueno predecir los resultados mediante el uso de nodos.

## 3. División y filtrado de documentos

Muchas aplicaciones que tratan con transmisión de noticias necesitan una clasificación de datos en tiempo real de los documentos. Esto es fundamental para organizar documentos en temas específicos en los portales web. Cada documento de muestra de un tema dado puede estar presente. Los atributos son similares a las palabras dentro del documento. Una etiqueta de clase puede incluir diferentes temas.

## 4. Análisis de datos multimedia

Es útil para clasificar grandes volúmenes de datos, como fotos, videos y audio. Es posible que no existan ejemplos anteriores de actividades del usuario asociadas con un video de muestra. En esta forma de clasificación, es esencial que el conjunto de datos entrenados se represente con n puntos de datos y dimensiones. Además de eso, cada punto de datos ubicado en D está relacionado con una etiqueta dada. En algunos casos, se dice que la etiqueta es binaria.

En los casos restantes, la convención más popular es asumir que la etiqueta se ha creado desde {-1, +1}. Luego, asuma que la etiqueta se produce a partir de {0, 1}.

Un algoritmo de clasificación consiste en dos formas de salidas:

### 1. La predicción de la etiqueta

Aquí, la etiqueta se define para cada instancia que se prueba.

### 2. Puntaje numérico

Con la puntuación numérica, permitimos que el aprendiz asigne un total a cada etiqueta combinada que procesa la intensidad de la instancia. Puede cambiar la puntuación en una etiqueta de predicción ya sea utilizando un valor máximo o mínimo. El mayor beneficio que viene con el uso de una puntuación son las instancias de prueba únicas. Esto se puede clasificar y comparar con una clase determinada. Estos puntajes son importantes en situaciones donde una sola clase es complicada, y el puntaje numérico puede organizar a los mejores candidatos que pertenecen a una clase determinada.

Una diferencia clave radica en la forma de diseñar dos tipos de modelos cuando usamos una puntuación numérica para clasificar diferentes instancias. El primer modelo debe tener en cuenta la clasificación relativa de diversas instancias de prueba. El segundo modelo requiere la normalización correcta de la puntuación de clasificación de las diferentes pruebas. Unos pocos cambios en la clasificación podrían ser beneficiosos al tratar con la clasificación y el etiquetado de casos.

Cada vez que el conjunto de datos de prueba no es suficiente, la eficiencia del modelo de clasificación disminuye. En esta situación, un modelo podría proporcionar una descripción detallada de un conjunto de datos aleatorios. En otras palabras, estos modelos pueden predecir exactamente las etiquetas de los casos utilizados para crearlos. Sin embargo, no funciona bien en muestras de prueba ocultas. Esto se conoce como sobreajuste.

Se han definido algunos modelos para ayudar en la clasificación de datos. El más destacado es el árbol de decisión, los clasificadores basados en reglas, los modelos probabilísticos y las redes neuronales. El proceso de modelado es la siguiente fase después de la selección de características para ayudar a identificar las propiedades más críticas en la clasificación.

**Selección de características**

El primer paso en la clasificación es la identificación de características. Los datos reales pueden contener características de diferente significado utilizadas para predecir las etiquetas de clase. Por ejemplo, el sexo de una persona no es importante cuando se requiere pronosticar una etiqueta de enfermedad como la diabetes. Las características irrelevantes posiblemente interferirán con el modelo de precisión de clasificación. Además, también contribuirá a la computación ineficiente. Por lo tanto, el enfoque principal cuando se trata de resaltar características es detectar y seleccionar los atributos más importantes según la etiqueta de la clase. Existen alrededor de tres métodos utilizados en la selección de características:

**1. Modelos de filtros**

Este método ayuda a definir la calidad de un subconjunto de características. Posteriormente se usa para eliminar características ajenas.

**2. Modelos de envoltura**

Suponemos que un algoritmo de clasificación ayuda a definir la forma en que un algoritmo puede funcionar en un subconjunto dado de características. Se asigna un algoritmo que busca características para identificar las características correctas.

## 3. Modelos integrados

La respuesta a un modelo en clasificación debe contener sugerencias asociadas con las propiedades. Estas propiedades se reservan y el clasificador conserva las características eliminadas.

Ahora, examinemos estos modelos en detalle:

### Modelos de filtros

Este modelo determina las características de un subconjunto utilizando una clase de factores sensibles. La ventaja de definir un grupo de características simultáneamente es que elimina las redundancias. Considere una situación en la que tenemos dos características variables que están correlacionadas con otra donde cada una puede definirse usando otra. En esta situación, es útil usar una de estas características porque la otra no tiene ningún conocimiento incremental.

Estos métodos son muy costosos porque el segundo subconjunto posible tiene características que requieren una búsqueda. Por lo tanto, una gran cantidad de métodos de selección de características definen los rasgos independientemente de otro.

De hecho, existen ciertos enfoques para seleccionar características que crean un patrón lineal de las características únicas al definir un conjunto de nuevas características. Este método es similar a un clasificador independiente.

### El Índice de Gini

El índice de Gini es una medida estadística de la distribución que se desarrolló durante 1912. Se usa para ayudar a medir la desigualdad en la economía y medir la distribución del ingreso. También se puede usar en algunos casos para verificar la distribución de la riqueza entre una población. El coeficiente oscilará entre 0 (0%) o 1 (100%). El cero (0) representará la igualdad perfecta y el uno (1) representará la desigualdad perfecta. Los valores que están por encima de 1 en teoría pueden suceder debido a un ingreso o riqueza negativos.

Un país que tiene residentes con el mismo ingreso terminaría con un coeficiente de Gini de 0. Un país que tiene un residente que gana todos los ingresos, y todos los demás residentes no lo hacen, tendrían un coeficiente de Gini de 1. Por supuesto, la mayoría de los países van a encontrarse en algún lugar entre los dos.

Este análisis también se puede aplicar a la distribución de la riqueza, pero a veces la riqueza es más difícil de medir en comparación con el ingreso. Es por esto que la mayoría de los coeficientes de Gini se referirán a los ingresos. Los coeficientes de riqueza de Gini serán mucho más altos que los utilizados solo para el ingreso.

El coeficiente de Gini puede ayudarle a analizar la riqueza o la distribución del ingreso en un país o en una región, pero nunca debe usarlo como una medida absoluta de riqueza o ingreso. Un país de altos ingresos y uno que se considera de bajos ingresos puede terminar teniendo el mismo tipo de coeficiente de Gini, siempre y cuando los ingresos se distribuyan de manera similar. Por ejemplo, los Estados Unidos y Turquía tienen un coeficiente de Gini de 0,39, aunque el PIB por persona en Turquía fue menos de la mitad de los Estados Unidos.

El índice de Gini se representa a través de la curva de Lorenz. Esta curva mostrará la distribución del ingreso al trazar el percentil de la población por ingreso en un eje horizontal. El ingreso acumulado se va a mostrar en el eje vertical. El coeficiente de Gini será igual al área que está debajo de la línea de igualdad perfecta, o 0.5 minutos el área que está debajo de su curva de Lorenz, dividida por el área que está debajo de la línea de igualdad perfecta.

Aunque el coeficiente de Gini puede ser útil para ayudarle a analizar la desigualdad económica, tiene algunas deficiencias. La precisión dependerá del tipo de datos que esté utilizando. Las economías irregulares y otras actividades económicas informales pueden aparecer en todos los países y no se utilizarán en estos números. Estas transacciones mostrarán una gran parte de la verdadera producción económica en muchos países, pero se mostrarán aún más en los países en desarrollo. Los datos de riqueza precisos pueden ser difíciles de recopilar debido a la popularidad de los paraísos fiscales.

Otra falla que puede observar es que dos países podrían tener distribuciones de ingresos muy diferentes, pero aun así obtienen el mismo coeficiente de Gini. Mientras utiliza la curva de Lorenz como suplemento, sus datos pueden proporcionarle más información. No podrá mostrar algunas de las variaciones demográficas que ocurren entre los subgrupos que están dentro de la distribución. Por eso es tan importante entender la demografía para comprender mejor lo que representa el coeficiente.

Utilice esta técnica para encontrar el potencial discriminativo de una característica específica. Esto se utiliza en las variables categóricas, pero puede dividirlo en un atributo numérico usando el proceso de discretización.

### Entropía

Esto es equivalente a la ganancia de información. La medida de la entropía logra un objetivo similar como la técnica del índice de Gini. Sin embargo, depende de la información de sonido. Esta entropía contiene un valor entre [0, log2 (k)]. Un amplio valor de entropía conduce a diferentes clases.

### Puntaje de Fisher

Este puntaje se desarrolla para tratar con atributos numéricos y calcular la proporción de la distancia externa promedio a la distancia interna promedio. Un alto puntaje de Fisher da como resultado un gran poder discriminatorio. La puntuación de Fisher se evalúa mediante la siguiente fórmula:

$$F = \frac{\sum_{j=1}^{k} p_j (\mu_j - \mu)^2}{\sum_{j=1}^{k} p_j \sigma_j^2}.$$

**El Discriminante Lineal de Fisher**

El discriminante lineal de Fisher se puede observar como un resumen de la puntuación de Fisher donde las características recién definidas se relacionan con las disposiciones lineales de las propiedades iniciales en lugar del subconjunto de las características originales. El camino que toma está diseñado con un mayor poder de intolerancia sujeto a las etiquetas de clase. Podemos asumir el Discriminante de Fisher como un enfoque de reducción de dimensionalidad supervisada, que utiliza la varianza almacenada en el espacio de características.

**Modelos de envoltura**

Como puede notar, los diferentes modelos de clasificación funcionan mejor con diversos conjuntos de características. Los modelos de las características están sesgados a un algoritmo específico de clasificación. A veces, puede ser importante aplicar las características de un algoritmo de clasificación particular para ayudar a identificar las características.

Un modelo de envoltura puede maximizar el proceso de selección de características para que pueda ayudar al problema de clasificación en cuestión. La técnica estándar utilizada en los modelos de envoltura es optimizar un conjunto de atributos con frecuencia agregándole más características. Podemos resumir esa estrategia en los siguientes puntos:

1. Configure una colección de características agregando una o más propiedades.
2. Aplique un algoritmo para evaluar la precisión de las características del conjunto.

**Modelos integrados**

El enfoque principal de estos modelos es que la respuesta a muchos problemas de clasificación crea señales importantes con respecto a las características correctas a utilizar. En otras palabras, el conocimiento relacionado con las características se inserta dentro de la solución al problema de clasificación.

## Árboles de decisión

Los árboles de decisión son un tipo de proceso de clasificación que implica el uso de un conjunto de características en los datos de prueba.

La función del criterio de división es dividir los datos de prueba en más de dos partes. En el árbol de decisiones, construimos una partición usando la muestra de entrenamiento usando el enfoque de arriba hacia abajo. La única excepción aquí es que, durante la partición, el criterio utilizado en la partición tiene una etiqueta de clase. Algunos ejemplos de sistemas de árbol de decisión estándar incluyen CART, C4.5 e ID3.

El siguiente es un diagrama que ilustra cómo luce un árbol de decisión:

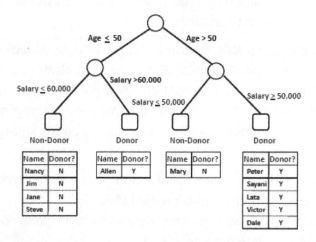

El plan del criterio de división se basa en la característica del atributo:

1. Atributo binario. Esto permite una única división y el árbol seguirá siendo binario.

---

2. Atributo categórico. En el atributo categórico, tenemos múltiples formas de dividir el árbol.

# Capítulo 9: Aplicaciones de Minería de Datos en Negocios

Aplicamos la minería de datos de diversas maneras en la vida. Muchas empresas y organizaciones han destacado el papel de la minería de datos en la mejora de sus operaciones. La minería de datos brinda a los minoristas la oportunidad de utilizar los registros del punto de venta para crear una función personalizada para una determinada marca de clientes.

A continuación, se presentan otras áreas en las que la minería de datos es muy importante.

**Cuidado de la salud**

La minería de datos tiene el mayor potencial para cambiar el estado de los sistemas de salud. Utiliza el análisis y los datos como una forma de identificar las prácticas correctas que pueden integrarse en los sistemas de salud. De esta manera, reduce los costos y aumenta el estado de la asistencia sanitaria. Al utilizar las técnicas correctas de extracción de datos, se puede predecir el número de pacientes en una sección determinada. Los procesos están diseñados para garantizar que se brinda la atención adecuada. La minería de datos puede ayudar aún más en la detección de métodos clandestinos y abusos.

## Análisis de la canasta de mercado

El análisis de la canasta de mercado es un proceso de modelado basado en el concepto de que si un cliente compra ciertos artículos, es probable que desee comprar un grupo relacionado de artículos. Por lo tanto, esta técnica permite que un minorista conozca la mejor manera de organizar sus productos en la tienda. Además, ayuda a que el cliente tenga una experiencia sencilla mientras compra.

## Educación

Otro campo emergente es la educación. La extracción de datos educativos tiene como objetivo predecir el futuro comportamiento de aprendizaje del estudiante, así como estudiar los efectos del apoyo educativo. Podemos usar la minería de datos en una universidad para predecir el resultado de los estudiantes.

## Ingeniería de Manufactura

El conocimiento es lo que requiere una empresa de fabricación. Las herramientas de minería de datos son críticas cuando desea descubrir patrones en un procedimiento de fabricación complejo. Podemos utilizar la extracción de datos y un diagrama de diseño del sistema para ayudar a crear una relación entre la arquitectura de un producto, la cartera de productos y las necesidades del cliente. Además, puede usarlo para predecir el tiempo y el costo de un producto.

## CRM

Implica buscar y retener clientes al mejorar la lealtad del cliente e implementar estrategias enfocadas en ello. Para lograr el vínculo correcto con un cliente, es importante que la empresa recopile y analice los datos. Este es el punto donde la minería de datos se vuelve importante. Con el uso de tecnologías de minería de datos, es posible utilizar los datos en el análisis.

### Identificar intrusión

Cualquier movimiento que pueda poner en peligro la confidencialidad y la integridad del recurso se dice que es una intrusión. La forma de evitar la intrusión consiste en corregir los errores de programación, la protección de la información y la autenticación del usuario. Con la minería de datos, puede desempeñar un papel importante en la mejora de la detección de intrusiones al agregar otra capa de enfoque a la anomalía. Permite a un experto diferenciar una actividad de la acción frecuente de la red.

### Detección de fraude

Una gran cantidad de dinero se pierde a través de fraudes todos los días. Los métodos tradicionales de detección de fraude son complejos y toman mucho tiempo. La minería de datos puede ayudar a crear patrones significativos que conviertan los datos en información. Un sistema de detección de fraude eficiente es aquel que puede proteger la información. Un método supervisado consiste en un conjunto de métodos muestreados. Estos registros se clasifican como no fraudulentos y fraudulentos.

### Segmentación de clientes

Aunque los datos tradicionales pueden ayudar a dividir a los clientes en diferentes niveles, la extracción de datos es mucho mejor para aumentar la eficiencia del mercado.

La minería de datos coloca a los clientes en una división específica y proporciona las necesidades de los clientes. El mercado se centra en la retención de clientes. La minería de datos ayudará a crear una marca de clientes basada en las debilidades y lo que el negocio puede ofrecer.

### La banca financiera

Con la aparición de la banca computarizada, se crean diversos datos después de cada nueva transacción. La extracción de datos puede ayudar a resolver problemas en el sector empresarial, así como a identificar correlaciones y patrones en la información corporativa.

La información puede ser de gran beneficio para los administradores porque el volumen de datos es muy amplio.

## Vigilancia Corporativa

La vigilancia corporativa implica el seguimiento de una persona o el comportamiento de un grupo por parte de una corporación. Los datos que se recopilan se aplican con fines de marketing o incluso son adquiridos por otras corporaciones. Estos datos pueden ser importantes para una empresa que quiera personalizar los productos para sus clientes. Los datos podrían ser utilizados en el marketing directo, como los anuncios.

## Análisis de investigación

La historia nos dice que suceden cambios revolucionarios en la investigación. La minería de datos es importante cuando se trata de la limpieza de datos, el pre procesamiento y la integración de bases de datos. Los investigadores pueden buscar e identificar datos similares de la base de datos, lo que puede crear un cambio. Se puede identificar la detección de órdenes similares y la asociación entre cualquier actividad. Con la aplicación de visualización de datos, podemos entender la vista correcta de los datos.

## Bioinformática

Los enfoques en la minería de datos parecen perfectos para la bioinformática, ya que es rica en datos. La extracción de datos biológicos permite recopilar importantes conocimientos de los enormes conjuntos de datos en biología. La aplicación de la minería de datos en la bioinformática implica la función de las proteínas, el diagnóstico de enfermedades, el tratamiento de enfermedades, la interacción de genes y mucho más.

## Detección de mentiras

Arrestar a un criminal es simple, pero obtener la verdad es mucho más complicado. La policía puede aplicar técnicas de minería para llevar a cabo una investigación relacionada con el crimen. El proceso apunta a determinar patrones significativos en los datos que normalmente son textos no estructurados.

# Capítulo 10: Las Mejores Técnicas de Minería de Datos

Existen muchas técnicas diferentes que puede utilizar si desea trabajar con la minería de datos. Algunas de los principales que tal vez desee considerar para su próximo proyecto incluyen el árbol de decisión, los patrones secuenciales, la predicción, el agrupamiento, la clasificación y la asociación. A continuación, hacemos una lista de cada una de estas técnicas para que pueda comprender qué significan y cuándo puede usarlas para su proyecto.

**Asociación**

La asociación es la primera técnica de minería de datos con la que puede trabajar. La asociación se usa cuando requiere descubrir un patrón. Este patrón se basa en la relación que se produce entre cualquier artículo que se encuentre en la misma transacción que los otros. Debido a la relación que se utiliza con la asociación, a menudo se le llama técnica de relación.

Encontrará que la asociación se utilizará cada vez que exista un análisis de la cesta de mercado. La asociación es recomendable en este tipo de análisis porque puede identificar los conjuntos de productos que comúnmente se compran juntos. Luego pueden ofrecer productos similares a futuros clientes con la esperanza de obtener una venta mayor. Los minoristas también pueden extraer esta información para obtener más información sobre sus clientes para realizar campañas publicitarias específicas.

Por ejemplo, un minorista puede encontrar que muchos clientes parecen comprar patatas fritas cuando compran cervezas o cereales cuando compran leche. Luego considerarían poner el cereal más cerca de la leche, o las patatas fritas al lado de las cervezas. Esto podría ahorrarle tiempo al cliente y ayudará a la tienda a obtener más ventas.

**Clasificación**

La clasificación es una técnica que puede utilizar en la minería de datos y se basa en la idea del aprendizaje automático. Para mantenerlo simple, la clasificación lo ayudará a clasificar todos los elementos que aparecen en su conjunto de datos en un conjunto de clases o grupos. Tiene la oportunidad de decidir qué son esos grupos antes de tiempo.

Al trabajar con el método de clasificación, necesitará diversas técnicas matemáticas para ayudarle a lograrlo. Puede trabajar con estadísticas, redes neuronales, programación lineal y árboles de decisión. Además, con la clasificación, desarrollará un programa que lo ayudará a clasificar automáticamente los elementos de datos en los grupos correctos deseados.

Veamos un ejemplo de cómo funciona la clasificación. Puede aplicar esta técnica para verificar todos los registros de los empleados que han dejado la empresa y luego usar esa información para predecir quién tiene más probabilidades de abandonar la empresa dentro del próximo año (u otro período de tiempo determinado). En este caso particular, tomaría los registros que obtiene de los empleados en dos grupos y podría etiquetarlos como quedarse y salir. Y posteriormente puede usar el software que está utilizando para la minería de datos para ayudarle a observar a sus empleados y decidir a cuál de los dos grupos pertenecen.

## Agrupamiento

El agrupamiento es una excelente técnica para usar con la minería de datos para crear un conjunto de objetos útil. Todos los objetos que están en la misma agrupación tendrán características similares que les permitirán estar en ese clúster. Esta técnica definirá las clases que desea utilizar y posteriormente llevará todos los objetos de su conjunto de datos a cada clase. La diferencia entre el agrupamiento y la clasificación es que, con el agrupamiento, el sistema definirá la clase y con la clasificación, usted podrá definir las clases.

Para que esto resulte un poco más fácil de entender, veamos el ejemplo de cómo se administran los libros en una biblioteca. En la biblioteca, se encuentra una gran cantidad de libros acerca de diversos temas diferentes. La biblioteca debe encontrar la mejor manera de organizar estos libros para que los lectores puedan encontrar varios libros sobre diferentes temas sin muchas complicaciones. El agrupamiento permitirá a la biblioteca mantener libros similares en un estante juntos. La biblioteca también puede agregar algunas etiquetas que le dicen al lector de qué trata ese grupo. Luego, si el lector desea tomar un libro sobre ese tema, simplemente necesita dirigirse a ese estante y obtener el libro, en lugar de buscar en toda la biblioteca para encontrar lo que necesita.

## Predicción

El método de predicción es una técnica que buscará la relación entre las variables independientes y la relación entre las variables independientes y dependientes. Es posible que desee utilizar esta técnica al hacer predicciones sobre los beneficios futuros. Las ventas que gane serán su variable independiente y las ganancias serán la variable dependiente, ya que dependen de las ventas. Desde aquí, puede hacer predicciones basadas en los datos de venta históricos de su empresa y tener una proyección de los beneficios futuros.

## Patrones secuenciales

Otra opción en la que trabajar es un análisis de patrones secuencial. Esto ayuda a una compañía a identificar cualquier patrón que sea similar entre sí en los datos. También puede buscar algunas tendencias regulares que ocurren en los períodos de tiempo que especifique. Cuando analizamos los datos históricos y las ventas, es más fácil identificar un conjunto de artículos que a sus clientes les gusta comprar juntos, especialmente durante diferentes épocas del año. Por ejemplo, durante la Navidad, sus clientes pueden comprar regalos y papel de regalo al mismo tiempo. Esta información se utiliza para ayudar a la compañía a llegar a acuerdos para estos productos con el fin de incrementar las ventas.

## Árboles de Decisión

Si está trabajando en un problema complejo que tiene diferentes soluciones potenciales, entonces el árbol de decisión es su mejor opción. Podrá anotar todas las soluciones posibles con las que desea trabajar y luego seguir avanzando por el árbol hasta llegar a la solución más adecuada para sus necesidades. Los árboles de decisión son fáciles de tomar, pueden trabajar con tantas soluciones como necesite y le brindan una solución visual para cualquier problema que su empresa esté enfrentando.

## Detección de Valores Atípicos o Anomalías

La detección de anomalías buscará elementos específicos dentro de un conjunto de datos que no parecen coincidir con el patrón o comportamiento previsto que está esperando. Estas anomalías a menudo se conocen como valores atípicos, sorpresas, excepciones y contaminantes. En muchas ocasiones, estas anomalías le brindarán información útil y crítica para su negocio.

Un valor atípico será un objeto que se desviará significativamente del promedio general que se encuentra dentro de su conjunto de datos o una combinación de datos. Es numéricamente distante de lo que se observa con el resto de los datos. A menudo, esto significa que el valor atípico indica que algo es diferente y que debe tomarse un tiempo adicional para analizarlo.

En diversas ocasiones tendrá que usar la detección de anomalías. Algunas veces se utilizarán para detectar riesgos o fraudes que ocurran en un sistema crítico y estas anomalías tienen todas las características para interesar a un analista. Cuando encuentre una de estas anomalías, es importante tomarse el tiempo necesario para hacer un análisis más detallado para averiguar qué está sucediendo.

La anomalía puede ayudarle a encontrar cualquier ocurrencia fuera de lo común y podría indicar que hay acciones fraudulentas, procedimientos defectuosos o áreas donde una cierta teoría que está en uso no es válida.

Una cosa a tener en cuenta es que, si está trabajando con un conjunto muy grande de datos, es común encontrar al menos algunos valores atípicos porque existe mucha información. Si bien los valores atípicos a veces indican que existen algunos datos erróneos, también podría deberse a algunas variaciones aleatorias que podrían indicar que hay algo importante e interesante que debe considerar. No importa cuál sea el caso, es necesario investigar un poco más y descubrirlo.

**Análisis de Regresión**

También puede trabajar con un análisis de regresión. Este tipo de análisis intentará definir la dependencia que surge entre las variables. Puede suponer que existe un efecto causal unidireccional que aparece de una variable a la respuesta de una variable adicional. Las variables independientes a veces pueden afectarse unas a otras, pero eso no significa que exista una dependencia que se manifieste de ambas maneras, como sucede cuando se observa un análisis de correlación. El análisis de regresión es capaz de mostrar que una variable depende completamente de una variable diferente, pero no retrocederá.

El análisis de regresión se utilizará para determinar los diferentes niveles que pueden aparecer en la satisfacción del cliente, cómo estos niveles pueden afectar la lealtad del cliente y cómo los niveles de servicio a veces pueden verse afectados por algo tan simple como el clima. Cuanto más concreto sea el ejemplo, mejor.

A menudo, elegirá utilizar dos o más de estas técnicas para la minería de datos con el fin de idear el proceso correcto para satisfacer sus necesidades comerciales. Al sumar estas técnicas, puede obtener excelentes resultados que realmente puedan impulsar su negocio.

# Conclusión

La minería de datos es la adopción de la base de datos automatizada para almacenar y analizar datos que proporcionan respuestas a los analistas de negocios. Tradicionalmente, utilizábamos informes y lenguaje de consulta para describir los datos, así como para analizarlos. Un usuario podría desarrollar varias hipótesis relacionadas con un aspecto específico e intentar verificarlo o descartarlo mediante una secuencia de consultas de datos, por ejemplo, un analista de negocios que considera la hipótesis de que las personas que ganan un salario bajo y tienen una gran deuda tienen un mal historial de crédito. El analista consulta la base de datos para probar o rechazar este supuesto. La minería de datos puede ayudar a construir una hipótesis.

Como hemos visto, los métodos analíticos aplicados en la minería de datos son algoritmos y técnicas ampliamente matemáticas. Lo único distinto es la forma en que se utilizan las técnicas. En resumen, la minería de datos tiene muchos beneficios en el mundo actual. Por ejemplo, las campañas de micromarketing se esfuerzan por buscar nuevos nichos de mercado, y la industria de la publicidad continúa buscando clientes potenciales.

Las perspectivas a largo plazo de la minería de datos son diversas. Si bien este libro no ha analizado todo, ha cubierto algunas de las áreas centrales de la minería de datos. Esto sirve como una base sólida para ayudarle a comenzar su viaje en minería de datos.

A continuación, le recomendamos buscar libros avanzados en minería de datos y leer más para ayudarle a dominar los conceptos. Recuerde, solo puede convertirse en un experto leyendo y practicando.

www.ingramcontent.com/pod-product-compliance
Lightning Source LLC
LaVergne TN
LVHW092340060326
832902LV00008B/737